GUIDE THÉORIQUE ET PRATIQUE

DU CONTRIBUABLE

EN MATIÈRE

DE CONTRIBUTIONS DIRECTES

Paris.—Impr. Paul Dupont, rue de Grenelle-St-Honoré, 45,

GUIDE THÉORIQUE ET PRATIQUE

DU CONTRIBUABLE

EN MATIÈRE

DE CONTRIBUTIONS DIRECTES,

RENFERMANT,

EN CE QUI CONCERNE SPÉCIALEMENT LES CONTRIBUABLES,

LE RÉSUMÉ DES LOIS, DES INSTRUCTIONS ET DE LA JURISPRUDENCE

Contributions Foncière, — Personnelle et Mobilière, — des Portes et Fenêtres — et des Patentes; — Taxe des Prestations en nature; — Taxe sur les Chiens; — Taxe des Poids et Mesures; — *Explication des feuilles d'avertissement, ou la manière de reconnaître si l'on est bien ou mal imposé;* — Distinction des *Réclamations* par nature; — Indication des *Pièces* à joindre aux demandes et *Délais* dans lesquels, selon leur espèce, elles doivent être présentées, etc., etc. — **41 Modèles de Pétitions,** comprenant la plupart des cas qui donnent usuellement lieu à réclamation; — *Tarif et Nomenclature* des professions imposables à la patente.

PRÉCÉDÉ D'UNE LETTRE DE **M. BAVOUX,** CONSEILLER D'ÉTAT, ETC.

PAR J.-E. ISOARD

Contrôleur principal des Contributions directes, attaché au bureau du Contentieux de la Direction générale, au ministère des Finances.

SEPTIÈME ÉDITION (1865)

Revue et mise au courant de la Législation

PARIS

LIBRAIRIE DU PETIT JOURNAL

Rue de Richelieu, 112

1865

A M. ÉVARISTE BAVOUX,

Conseiller d'État.

HOMMAGE

de

Respectueux attachement et de reconnaissance.

Mon cher monsieur Isoard,

Quand vous avez bien voulu m'offrir la dédicace de votre livre, je vous ai demandé, avant de l'accepter, la permission de prendre connaissance de votre travail.

La communication que vous m'avez donnée des premières feuilles m'a suffi pour confirmer l'opinion favorable que j'étais disposé à en concevoir. Il m'a paru que votre plan était simple, et vos données pratiques. Vous avez voulu tout à la fois servir l'administration et le public par un recueil élémentaire, précis et synthétique. C'est une bonne pensée, modestement conçue et heureusement réalisée.

Ces *Manuels*, destinés à vulgariser, sinon la science, du moins la notion de certains faits usuels, sont fort utiles. Leur danger, c'est d'abaisser le niveau des connaissances qui, mises ainsi superficiellement à la portée de tout le monde, risquent d'être moins étudiées, moins approfondies par quelques-uns. Mais, si cela est vrai dans le domaine scientifique, peut-être le serait-ce moins dans la vie pratique des affaires, dans l'ordre matériel des actes imposés par la loi. Quand la loi est rendue, elle doit être obéie, et, s'il est souvent désirable qu'elle rencontre des commentateurs érudits, de savants interprètes qui en expliquent et en fassent ressortir les principes élevés, elle peut cependant se passer, à la rigueur, de ces commentaires et vivre de son propre texte.

Dans l'ordre financier qui vous est plus spécial, vous avez pensé ainsi et vous vous êtes borné à grouper des prescriptions qui, réunies avec un certain soin et une certaine méthode, rendent plus visible et en quelque sorte palpable au contribuable l'accomplissement de son devoir et la limite de son droit.

C'est très-bien ainsi, et, dans ces proportions, vous avez fait une bonne tentative et un bon travail.

Mais permettez-moi de porter maintenant la vue plutôt à côté de lui que sur lui, et d'y trouver une occasion indirecte de jeter un regard sur l'administration de nos finances que vous avez touchée par un petit côté. Vous avez, à dessein, pris un point de vue plus limité pour votre opuscule. Je ne prétends le faire ni plus grand ni plus petit qu'il ne l'est. Je craindrais de lui nuire en exagérant sa portée. Il a des dimensions déterminées avec beaucoup de bon sens et de raison par vous, et, dans cette sphère, il sera, j'en suis certain, fort apprécié et fort utile.

Il laisse seulement entrevoir, en dehors des questions traitées par vous, certaines perspectives que j'aimerais à poursuivre et à vous signaler.

Vous avez raison de le dire dans votre Préface, ce serait un préjugé, injurieux pour l'administration, de supposer qu'elle éloignât la lumière de ses actes et pût accueillir avec déplaisir une publication qui a pour objet d'éclairer les contribuables sur leurs droits et leurs devoirs. Loin de là, — c'est honorer l'une et servir les autres.

Nous ne saurions assez, tous tant que nous sommes, propager cette haute estime qu'inspire, à si juste titre, l'administration de nos différents services en France. Finances, guerre, magistrature, sous toutes les formes, à tous les degrés, elle est partout considérée comme un modèle de régularité, de sagesse, d'impartialité, et si les étrangers nous l'envient, ayons le patriotisme d'en être fiers, à bon droit, et d'en proclamer le mérite et l'irréprochable loyauté.

L'organisation de cette partie de la perception financière, comprise sous la dénomination de *contributions directes*, vous est particulièrement familière ; vous avez raison de vous en occuper. C'est précisément parce que vous êtes dans la confidence de ses secrets et de ses pratiques, que vous avez qualité pour en apprécier et en attester la parfaite intégrité. Elle est comme la probité, elle ne peut que gagner à être soumise aux regards de tous. Comme le sage, elle pourrait sans crainte habiter une maison de verre. On a dit que le gouvernement doit être le plus honnête homme de l'empire. Ainsi en doit-il être et en est-il du gouvernement, dans son ensemble comme aussi dans une de ses parties les plus délicates, l'administration financière.

Notre gouvernement, en finances comme en diplomatie, s'est inspiré de traditions nouvelles : ce n'est plus dans les profondeurs de négociations mystérieuses qu'il a puisé ses ressources et son influence, c'est dans la publicité, c'est dans la confiance publique, système nouveau dont la hardiesse n'est égalée que par la franchise et le succès.

Telles sont les vérités que j'ai à cœur de voir en lumière. Votre *Guide* m'y conduit par un sentier détourné. Je m'y laisse volontiers engager ; vous m'y avez provoqué par vos recherches.

1.

Je vous remercie de la bonne pensée que vous avez eue de m'y associer pour une faible part : ce qui vous l'a inspirée, c'est peut-être la participation que, dans les travaux du conseil d'État, je puis prendre à cette œuvre commune de fixer les règles de notre droit public et des lois de l'impôt.

A ce titre, j'accepte d'autant plus volontiers ma modeste part dans cette honorable collaboration, et je vous félicite de l'heureuse initiative que vous avez prise dans la voie spéciale où vous êtes entré.

Il faut que chacun sache que le mécanisme fiscal, en France, peut, comme tous les autres rouages administratifs, manœuvrer en plein air et en plein jour, sans avoir rien à redouter ni des yeux ni du contrôle public, sous la réserve seule des améliorations et des progrès qui en peuvent résulter.

Vous avez bien fait aussi de supposer que cette manière de voir est conforme aux idées généreuses et loyales du chef de l'État. Sa pensée ne peut pas descendre à ces humbles détails; mais c'est dans l'application des idées générales dont je vous donnais tout à l'heure un aperçu, qu'elle trouvera, je n'en doute pas, sa sanction administrative.

Recevez, Monsieur, je me plais à vous le répéter, mes remerciements et mes compliments empressés.

Évariste BAVOUX.

Provins, 5 octobre 1860.

PRÉFACE.

Tout le monde, en France, est ou peut devenir passible
d'impôts directs, et, sauf de rares exceptions, personne ne
connaît la législation qui les régit, ni le mécanisme, ni même
les éléments qui servent de bases à chacun d'eux. Comment
en serait-il autrement? Ceux d'entre les contribuables qui voudraient s'éclairer sur leurs droits et devoirs, ne pouvant recourir qu'à des recueils volumineux et d'un prix élevé, sont
pour ainsi dire obligés d'y renoncer. Il n'existe d'ailleurs aucun
ouvrage qui soit traité à leur point de vue exclusif.

Cette lacune, dans une époque où les guides se sont multi-
pliés sous toutes les formes et sur tous les sujets, nous avait
frappé depuis longtemps, et, avant d'essayer de la combler,
nous avions dû naturellement chercher à en pénétrer la cause.

Un Guide tel que nous le concevons, c'est-à-dire qui ne
renferme de la législation et de la jurisprudence que les choses
intéressant directement le contribuable, qui aux instructions
théoriques joigne des conseils et des explications pratiques,
ne peut être fait avec les éléments de succès, et surtout avec

les garanties d'utilité désirables, que par un employé de l'administration.

Or, il est un préjugé généralement accrédité: c'est que l'administration verrait avec regret un de ses agents accomplir cette tâche. Il n'en a pas fallu davantage pour étouffer parmi eux toute idée d'exécution d'un semblable ouvrage.

Quant à nous, nous déclarons ne pas comprendre comment ce préjugé, injurieux pour l'administration, a pu s'établir ou du moins se maintenir après les recommandations qu'elle ne cesse de nous adresser dans l'intérêt des contribuables, et, confiant dans les sentiments d'équité qui l'animent, nous avons résolu la publication de ce Guide, malgré les sollicitations de plusieurs de nos amis pour nous détourner de notre projet.

Sans doute l'administration nous blâmerait, et elle aurait raison de le faire, si notre ouvrage, nous ne dirons pas avait pour but, car alors le blâme ne suffirait plus, mais avait seulement pour résultat de diriger l'esprit des contribuables dans une voie d'opposition de nature à lui créer des difficultés; mais comme nous avons pris à tâche d'éclairer ces derniers sur leurs devoirs non moins que sur leurs droits, nous avons la ferme conviction que non-seulement l'administration ne verra pas avec déplaisir l'apparition de notre Guide, mais qu'elle nous saura gré de faciliter, en le publiant, les relations de ses agents avec les contribuables.

Pourquoi veut-on d'ailleurs que l'administration se préoccupe de notre publication? Est-ce parce qu'elle peut avoir pour effet d'augmenter le nombre des réclamants? Mais il n'en résultera pas une augmentation de besogne pour ses agents; car, en même temps que les réclamations fondées se multiplieront, le nombre considérable de celles qui ne le sont pas diminuera d'une manière sensible. Or, il est démontré pour tous les agents de l'administration que l'instruction d'une demande à rejeter occasionne presque toujours plus de travail et suscite plus d'embarras que dix autres qui sont fondées.

Mais, nous dit-on, plus le nombre des réclamations fondées augmentera, plus il y aura de restitutions d'impôt à opérer, ce qui constitue un préjudice pour le trésor public, et l'administration, qui est dépositaire de ses intérêts, peut ne pas envisager cette perspective sans regret.

Nous le répétons, c'est faire injure à l'administration et bien méconnaître ses sentiments que de la rendre ainsi l'objet d'une suspicion désobligeante que rien ne justifie et que nous voulons nous imposer le devoir de détruire. Ceux qui raisonnent ainsi ignorent ou ne réfléchissent pas que le trésor public, sauf en ce qui concerne les dégrèvements pour pertes de matière imposable ou pertes de revenu, est complétement désintéressé dans les restitutions relatives aux impôts de répartition, lesquelles sont toujours l'objet de réimpositions; que les dégrèvements sur la contribution des patentes sont donc à peu près les seuls qui puissent affecter ses revenus, ce qui ne peut jamais occasionner une perte bien considérable.

Et quand même il en serait autrement? Est-ce que sous le gouvernement qui nous régit, on a coutume de mettre l'intérêt en parallèle avec l'équité? Certes, jamais ouvrage n'a paru qui fût mieux dans le sens des idées généreuses et loyales du chef de l'État, que ne l'est un Guide pour les contribuables! Et ce serait oublier tout ce qu'il a fait pour eux que de ne pas le reconnaître. N'a-t-il pas, en effet, sans autre mobile que sa sollicitude, fait biffer d'un trait de plume 18 *millions* du contingent de la contribution foncière, réduire à la moitié des droits de patente un nombre très-considérable de petits patentables, et exempter complétement de la patente environ 140,000 d'entre eux?

En présence de pareils actes, et sans donner à notre livre plus d'importance qu'il n'en comporte, ne sommes-nous pas fondé à espérer qu'il sera au moins tacitement approuvé ?

Notre Guide paraîtra donc, non pas sous le voile menteur d'un pseudonyme, comme on nous conseillait de le faire, mais revêtu de notre nom et de notre qualité, parce que nous avons la conscience d'avoir répandu dans notre œuvre des conseils et des observations conçus dans le meilleur esprit, et de nous rendre utile non-seulement aux contribuables, mais au pouvoir, à qui en reviendra un certain bénéfice moral.

Il nous reste maintenant à dire quelques mots sur le plan de l'ouvrage. Il est divisé en deux parties : la partie théorique et la partie pratique.

Dans la première, nous avons d'abord indiqué les caractères distinctifs des diverses contributions, fait connaître sommairement la manière dont les contingents votés par le pouvoir législatif sont répartis à tous les degrés, depuis le contingent départemental jusqu'à la cotisation individuelle ; puis, ayant emprunté à la législation, aux instructions et à la jurisprudence ce qui nous a paru avoir un intérêt spécial pour le contribuable, nous en avons fait un résumé méthodique par nature de contribution ou de taxe, tant en ce qui concerne l'assiette que le mode de recouvrement des impôts.

La deuxième partie traite : 1° du mécanisme au moyen duquel les contribuables peuvent, par l'examen des feuilles d'avertissements, se rendre compte de l'exactitude de leurs cotisations, des bases d'après lesquelles elles sont établies et de leur répartition entre l'État, le département ou la commune ; 2° de la distinction des réclamations par nature, de leur formation et de leur présentation, etc. Elle est suivie de 41 modèles de pétitions renfermant, dans leurs formulaires, presque tous les cas qui donnent le plus usuellement lieu à réclamation. En tête de chaque modèle, nous avons mis en relief l'objet de la réclamation, l'indication des pièces qu'on est tenu ou qu'il est utile de joindre à la demande, et l'indication du délai dans lequel elle doit être présentée.

On trouvera, en outre, à la fin du volume le tarif et la nomenclature des professions imposables à la patente, et enfin la table des matières.

Nous sommes convaincu que ce livre rendra d'utiles services, tant par l'esprit dans lequel il est écrit que par les matières qui y sont traitées. On nous reprochera peut-être d'avoir été trop sobre de dates concernant les articles de lois, les instructions et les arrêts où nous avons puisé. Notre réponse est toute faite : nous n'avons pas eu pour but de faire un code pour le contribuable, mais un guide élémentaire qu'il s'agissait de ne pas rendre trop long, afin qu'il ne rebutât personne par sa forme volumineuse ni par son prix. A cet effet, nous avons dû fusionner souvent dans un même article, et quelquefois dans une seule phrase, le résumé d'un ou de plusieurs articles de lois, d'instructions et de questions de jurisprudence, ce qui rendait les citations impossibles. A quoi, d'ailleurs, eussent servi ces citations, les contribuables n'ayant pas à leur disposition les ouvrages auxquels ils auraient besoin de recourir en pareil cas ? L'essentiel pour eux est de connaître ce qu'ils ont à faire, et nous pouvons affirmer n'avoir rien avancé qui ne s'appuie sur une loi, une instruction ou un arrêt du conseil d'État.

Toutefois, lorsque nous avons pu le faire utilement, ou lorsque, par la nature des faits ou des principes avancés, nous l'avons jugé indispensable, nous avons toujours indiqué, soit au bas des articles, soit dans le corps ou en tête des questions ou des chapitres, la source légale ou autre dont ils sont extraits.

Encore un mot et nous aurons fini. C'est pour la première

fois que nous affrontons la publicité, et ce sera peut-être la dernière ; c'est dire que nous avons besoin d'indulgence pour les imperfections de forme qu'on pourra remarquer dans le cours de l'ouvrage.

Nous sommes persuadé que le lecteur nous l'accordera en considération du service que nous avons cherché à rendre.

GUIDE THÉORIQUE ET PRATIQUE

DU CONTRIBUABLE,

CONCERNANT

LES CONTRIBUTIONS DIRECTES,

LA TAXE DE PRESTATION, LA TAXE SUR LES CHIENS

ET

LA TAXE SUR LES POIDS ET MESURES.

PREMIÈRE PARTIE.

(PARTIE THÉORIQUE.)

Ce qu'on entend par contributions directes.

1. Les contributions directes sont ainsi nommées, parce que, étant perçues au moyen de rôles nominatifs, elles atteignent d'une manière *directe* les individus qui en sont passibles ; elles sont au nombre de quatre, savoir :

Les contributions foncière, des portes et fenêtres, personnelle et mobilière, et des patentes.

Indépendamment de ces quatre contributions proprement dites, il existe plusieurs taxes qui se perçoivent également au moyen de rôles nominatifs, et qui, par cette raison, font partie des contributions directes auxquelles elles se trouvent assimilées. Les principales de ces taxes, et les seules dont nous nous occuperons, sont : 1° la taxe des prestations pour chemins vicinaux ; 2° la taxe des chiens ; 3° et la taxe pour droits de vérification des poids et mesures.

Distinction des contributions en impôts de répartition et impôts de quotité.

2. Les contributions foncière, personnelle et mobilière, et des portes et fenêtres, sont des impôts de *répartition*; celle des patentes est un impôt de *quotité*. Les taxes désignées plus haut sont également des impôts de quotité.

On entend par impôts de *répartition* ceux dont le produit ou contingent est fixé d'avance et sert à déterminer les cotisations individuelles, et par impôts de *quotité*, ceux dont le produit est éventuel et n'est connu que par la réunion des cotisations individuelles.

Division des contingents en principal et en centimes additionnels.

3. Le contingent de chaque contribution se compose d'une somme fixe appelée *principal*, et de *centimes additionnels* dont la quotité peut varier annuellement en raison des besoins, et que l'on appelle centimes additionnels *généraux*, *départementaux* ou *communaux*, selon qu'ils sont destinés à accroître les ressources du trésor public, du département ou de la commune.

Destination des centimes additionnels.

4. Notre but étant de limiter la partie théorique de notre travail à des généralités, quand l'intérêt direct des contribuables ne nécessitera pas de plus longs détails, nous nous abstiendrons d'indiquer la quotité, par affectation spéciale, des centimes additionnels tant ordinaires qu'extraordinaires, tant facultatifs qu'obligatoires que peuvent voter les conseils généraux et les conseils municipaux. Nous nous bornerons à dire que ces divers centimes additionnels sont entièrement affectés aux besoins du département ou de la commune qui es vote , et qu'il n'en revient pas la moindre part au trésor public.

Quant aux centimes additionnels généraux qui sont la part du trésor, les uns sont destinés à constituer un fonds de secours pour les contribuables qui viendraient à essuyer des pertes par suite d'événements malheureux, les autres à couvrir les non-valeurs dont le contingent en principal peut être l'objet. Ils n'ont, en un mot, d'autre but que d'assurer à l'État l'intégralité du contingent en principal, sur laquelle il est indispensable qu'il puisse compter afin d'équilibrer le budget, tout en faisant face aux charges de toute nature.

Nous croyons devoir ajouter, en passant, que la part perçue par l'État sur les impôts de répartition est tous les ans la même, ou que du moins elle ne varie, en plus ou en moins, que par suite des accroissements ou des pertes survenus dans la matière imposable ; que, par conséquent, il y a injustice de la part de ceux des contribuables qui font remonter jusqu'au pouvoir la responsabilité des augmentations d'impôt dont ils peuvent être l'objet. L'État ne contribue à augmenter les impôts que lorsqu'il a recours à des impositions extraordinaires : tel fut l'impôt des 45 centimes. En dehors de ces circonstances exceptionnelles et qui, grâce à la sagesse du chef de l'État, ne se sont jamais produites depuis 1848, l'augmentation des impôts est toujours le résultat des impositions départementales et surtout communales, lesquelles, motivées par des causes d'utilité particulière au département ou à la commune, doivent naturellement être supportées par les contribuables qui profitent directement des améliorations qu'elles ont pour but de réaliser.

RÉPARTITION DES CONTINGENTS.

Répartition entre les départements.

5. L'Assemblée législative vote chaque année, dans la loi du budget ou loi des finances, le contingent en principal et centimes additionnels généraux des contributions foncière, personnelle et mobilière, et des portes et fenêtres, et les répartit entre les départements.

La contribution des patentes, étant un impôt de quotité, ne figure au budget que pour un produit approximatif.

Répartition entre les arrondissements.

6. Le conseil général répartit annuellement entre les arrondissements le contingent en principal et centimes additionnels généraux assigné au département, ainsi que les centimes additionnels départementaux qu'il a votés.

Répartition entre les communes.

7. Le conseil d'arrondissement répartit entre les communes le contingent de l'arrondissement en principal et centimes additionnels généraux et départementaux, et le directeur des contributions directes applique à chaque commune la quotité des centimes additionnels communaux qui ont été votés par son conseil municipal.

Répartition entre les contribuables.

8. Le contingent de la commune, tant en principal qu'en centimes additionnels généraux, départementaux et communaux, est réparti entre les contribuables au prorata des bases de cotisation de chacun d'eux.

Nous ferons connaître plus loin le mode d'établissement des bases de cotisation de chaque nature de contribution. Pour le moment, nous nous bornerons à dire que les bases de cotisation des contribuables sont susceptibles d'être modifiées annuellement :

1º Suivant les mutations des propriétés foncières ; les changements survenus dans le nombre des portes et fenêtres, dans l'habitation des contribuables ; suivant les changements de domicile, les décès, mariages, cas d'indigence, etc. ;

2º Suivant aussi les accroissements ou pertes de matière imposable, résultant de maisons ou usines nouvellement construites ou démolies, ou de toute autre cause qui fait devenir imposable ce qui ne l'était pas ou cesser de l'être ce qui était imposé, et dont il sera fait mention dans le cours de notre ouvrage.

C'est à la constatation de ces divers changements que sont préposés les répartiteurs, ainsi que les contrôleurs des contributions directes, lors de la tournée annuelle que ces derniers font dans les communes.

Modifications apportées annuellement dans les contingents.

9. Les accroissements ou pertes de matière imposable qui surviennent dans une commune, concernant les revenus fonciers, viennent en augmentation ou diminution du contingent de la contribution foncière de l'État, du département, de l'arrondissement et de la commune, et, par conséquent, en augmentation ou diminution des cotisations particulières des contribuables dont les propriétés ont motivé les accroissements ou pertes de matière imposable.

Les accroissements ou pertes de matière imposable résultant de maisons ou usines nouvellement construites ou démolies viennent en augmentation ou en diminution des coutingents, à tous les degrés, des contributions foncière, personnelle et mobilière, et des portes et fenêtres.

Les contingents des contributions foncière et des portes et fenêtres sont augmentés dans ce cas jusqu'à concurrence de la part que les maisons ou usines construites ou reconstruites doivent prendre dans la matière imposable, et diminués jusqu'à concurrence de la part que les maisons ou usines démolies prenaient dans la matière imposable (1).

Le contingent de la contribution personnelle et mobilière est diminué du montant en principal des cotisations personnelles et mobilières afférentes aux maisons qui ont été détruites, et augmenté du vingtième de la valeur locative réelle des locaux qui, dans les maisons nouvellement construites, sont affectés à l'habitation des personnes.

Les augmentations ou diminutions de cotisations particulières, la création de cotes nouvelles ou la suppression de cotes qui ne résultent pas des causes sus-énoncées, ne donnent pas lieu à modification des contingents.

Telles sont, concernant la contribution personnelle et mobilière : 1° les augmentations ou les diminutions de loyers d'habitation opérées par les répartiteurs pour rappel à l'égalité proportionnelle ; 2° l'imposition ou la suppression d'individus nouvellement imposables ou ayant cessé de l'être.

Telles sont encore, concernant la contribution des portes et fenêtres : 1° les ouvertures oubliées qui viennent à être imposées ou celles existant en surtaxe et qui sont supprimées de l'impôt ; 2° les ouvertures nouvellement pratiquées ou celles supprimées dans les bâtiments, quand ces ouvertures nouvelles ou celles supprimées ne résultent pas de constructions nouvelles ou de démolitions.

---

(1) On comprend dans les constructions nouvelles les bâtiments ruraux convertis en maisons ou usines, ainsi que les bâtiments publics non imposés qui deviennent propriétés particulières, et dans les démolitions les maisons ou usines converties en bâtiments ruraux et les maisons de particuliers qui passent dans le domaine public non imposable.

CONTRIBUTION FONCIÈRE.

PRINCIPES ET MODE D'ASSIETTE DE CETTE CONTRIBUTION

(Loi fondamentale du 3 frimaire an VII.)

Bases de répartition.

10. Toutes les propriétés foncières, à l'exception des maisons et bâtiments des hospices et jardins y attenant, des forêts et bois de l'État et des propriétés non productives de revenu appartenant à l'État, aux départements ou aux communes, sont soumises à la contribution foncière.

Elles sont imposées proportionnellement à leur *revenu net moyen*, calculé sur un nombre d'années déterminé, sauf les bâtiments consacrés exclusivement à l'agriculture, qui ne sont évalués qu'en raison de leur superficie, sur le pied des meilleures terres labourables de la commune.

Revenu net imposable des propriétés non bâties.

10 *bis.* Le revenu net imposable des propriétés non bât est ce qui reste au propriétaire sur le produit brut, après le prélèvement des frais de *culture*, *semence*, *récolte* et *entretien*.

(Le législateur n'a pas déterminé dans quelle proportion du produit brut la déduction de ces frais devait avoir lieu, parce que cette proportion varie, suivant les différentes contrées, en raison de la diversité des coutumes, des modes d'exploitation, des prix de la main-d'œuvre, etc.)

Revenu net imposable des propriétés bâties.

11. Le revenu net imposable des propriétés bâties est ce qui reste au propriétaire après déduction sur leur valeur locative des frais de *dépérissement, réparations* et *entretien* des bâtiments.

Cette déduction est, pour les maisons d'habitation et pour les bâtiments affectés au commerce, du *quart*, et, pour les usines, du *tiers* de leur valeur locative.

Du cadastre.

12. Pour bien faire comprendre le mécanisme qui préside à l'assiette de la contribution foncière, il est indispensable de donner quelques explications relativement au cadastre, dont le but est précisément de répartir équitablement cette contribution.

Le cadastre est circonscrit dans chaque commune. Il se divise en deux opérations distinctes, la *partie d'art ou arpentage* et *l'expertise.*

But de la partie d'art.

13. La partie d'art a pour but de reproduire sur le papier la configuration exacte du territoire de la commune dans toutes ses divisions, en conservant dans une proportion déterminée, tant à la commune qu'à chacune des parcelles qu'elle renferme, la contenance qu'elles occupent effectivement sur le sol.

Cette opération est exécutée par des géomètres nommés par le préfet, et toutes facilités sont données aux propriétaires, par des avis plusieurs fois répétés, pour vérifier l'exactitude des contenances de leurs propriétés.

But de l'expertise.

14. Le but de l'expertise cadastrale est de diviser en un certain nombre de classes les diverses natures de propriétés de la commune et de procéder à l'évaluation de chaque classe.

Cette opération extrêmement délicate est confiée à des classificateurs nommés par le conseil municipal augmenté, en nombre égal à celui de ses membres, des propriétaires de la commune les plus fort imposés à la contribution foncière. Les classificateurs sont au nombre de cinq, dont deux doivent être pris parmi les propriétaires forains. Il est nommé, en outre, dans les mêmes conditions, cinq suppléants chargés de remplacer les titulaires empêchés et pouvant d'ailleurs concourir au travail concurremment avec eux. Ces commissaires sont assistés d'un contrôleur des contributions directes, dont la mission est de les diriger. Lorsque le conseil municipal en fait la demande, on leur adjoint également un ou plusieurs experts, dont la nomination est du ressort du préfet.

Il n'entre pas dans notre cadre de détailler les diverses opérations qui constituent une expertise cadastrale. Qu'il nous suffise de proclamer que ces opérations sont entourées de toutes les garanties désirables pour sauvegarder les intérêts de tous les propriétaires; qu'à cet effet, le tarif des évaluations doit être sanctionné par le conseil municipal augmenté encore, en nombre égal à celui de ses membres, des plus fort imposés à la contribution foncière; qu'on donne à tous les intéressés les moyens de contrôle nécessaires pour s'assurer de l'exactitude des évaluations de leurs propriétés, et que, s'il est arrivé souvent que certaines natures de propriétés, possédées dans une commune par un petit nombre d'individus, ont été surévaluées dans les opérations cadastrales, la faute en revient généralement à la négligence des propriétaires, qui ne se sont pas présentés ou fait représenter, pour discuter leurs intérêts, dans les réunions auxquelles ils ont été convoqués.

Revenu cadastral.

15. Le résultat du cadastre, considéré sous l'unique point de vue de l'impôt, est d'arriver à déterminer pour chaque parcelle le revenu qui sert de base à l'assiette de la contribution foncière dont le contingent communal est réparti sur toutes les parcelles de la commune , proportionnellement au revenu *cadastral* de chacune d'elles.

Il ne faut pas confondre le revenu cadastral on matriciel avec le revenu réel. En effet, pour des motifs qu'il serait trop long et inutile d'expliquer, on prend, pour servir de base à l'assiette de la contribution, des chiffres inférieurs au revenu réel, mais qui sont proportionnels à ce revenu.

Rapport entre le revenu cadastral et le revenu réel, ou proportion de rehaussement.

16. La proportion qui existe entre le revenu cadastral et le revenu réel s'appelle proportion de rehaussement du revenu cadastral. En d'autres termes, cette proportion est le chiffre qui, multiplié par le revenu cadastral, reproduit le revenu réel net.

Exemple : soit un revenu cadastral de 24 francs; si la proportion de rehaussement est de 2 fr. 50 c. (1), le revenu de 24 francs représente un revenu net réel de 60 francs (2).

Les propriétaires qui, lors de l'émission du premier rôle cadastral de leur commune , veulent vérifier si leurs propriétés ont été ou non surévaluées, n'ont donc qu'à multiplier par la proportion de rehaussement le revenu cadastral assigné à ces propriétés, et il leur sera facile de reconnaître, s'il y a lieu, quelles sont celles qui ont été surévaluées, par la comparaison des résultats ainsi obtenus avec le *revenu net moyen* qu'ils retirent de ces propriétés.

-----

(1) Les contribuables peuvent prendre connaissance de la proportion de rehaussement du revenu cadastral de leur commune, en se faisant communiquer la délibération du conseil municipal dans laquelle le tarif des évaluations a été adopté.

(2) Si la proportion entre le revenu cadastral et le revenu réel était représentée par une fraction exprimant le rapport entre 1 et 100, comme, par exemple, 22/100⁰ˢ, dans ce cas, pour obtenir le revenu réel net, au lieu de *multiplier* le revenu cadastral par 22/100ᵉˢ, il faudrait le *diviser* par cette fraction.

Fixité des évaluations cadastrales.

17. L'utilité pour les propriétaires de s'assurer de l'exactitude des évaluations cadastrales est d'autant plus grande que ces évaluations, une fois établies, deviennent immuables s'il n'y a réclamation en temps opportun (voir, pour le délai, l'art. 190), jusqu'au renouvellement du cadastre, sauf les exceptions ci-après indiquées.

EXCEPTIONS.

Propriétés bâties.

18. Les évaluations cadastrales des propriétés bâties sont susceptibles d'être renouvelées tous les dix ans dans la commune, sur la demande du conseil municipal. En outre, les contribuables peuvent à toute époque réclamer contre l'évaluation de leurs propiétés bâties, en cas de surtaxe ou en cas de démolition totale ou partielle de leurs bâtiments.

Propriétés non bâties.

19. Lorsque, par suite d'un événement imprévu, tel que corrosion (c'est-à-dire enlèvement par les eaux), débordement de rivière, expropriation pour cause d'utilité publique, etc., une propriété non bâtie se trouve affectée dans sa *consistance*, son propriétaire peut réclamer sa suppression totale ou partielle de la matière imposable.

Pertes de revenu par suite d'événements extraordinaires.

20. Lorsque, par suite d'un sinistre ou d'une cause quelconque, un propriétaire perd le revenu d'une année d'une propriété bâtie ou non bâtie, ou seulement une partie de ce revenu, il peut former une demande en remise ou modération de contribution pour l'exercice pendant lequel a lieu l'événement ; mais il n'est pas fondé à demander la suppression de la propriété ainsi affectée du rôle de la contribution foncière.

Vacances de maisons et chômages d'usines.

21. Tout propriétaire qui est dans l'*usage* (cette condition est indispensable) de louer une maison, une portion de maison ou une usine, et qui est resté pendant *plus de trois mois* sans louer, peut réclamer un dégrèvement de contribution pour toute la durée de la vacance ou du chômage.

EXEMPTIONS TEMPORAIRES D'IMPÔT.

(Édictées par loi du 3 frimaire an VII.)

Propriétés bâties nouvellement construites ou reconstruites.

22. Les maisons, fabriques et manufactures, forges, moulins, usines et autres édifices nouvellement construits ou reconstruits, ne sont soumis à la contribution foncière, pendant les deux premières années qui suivent leur construction ou reconstruction, que d'après la superficie. A l'expiration de ces deux années, ils sont imposés d'après leur valeur locative (1).

(Ces dispositions ne sont pas applicables aux travaux exécutés dans l'intérieur des bâtiments, parce que ces travaux ne constituent ni une construction ni une reconstruction.) (Décision du conseil d'État du 23 novembre 1834.)

---

(1) Les parties des bâtiments nouvellement construits ou reconstruits qui sont achevées avant le reste de l'édifice deviennent passibles, après

Marais desséchés.

23. La cotisation des marais qui viennent à être desséchés ne peut être augmentée pendant les vingt-cinq premières années après le desséchement.

Terrains défrichés.

24. La cotisation des terres vaines et vagues depuis quinze ans, qui sont mises en culture, ne peut-être augmentée pendant les dix premières années après le défrichement.

Terrains défrichés pour être plantés en bois.

25. La cotisation des terres en friche depuis dix ans, qui sont plantées ou semées en bois, ne peut être augmentée pendant les trente premières années du semis ou de la plantation.

Terrains défrichés pour être plantés en vignes, mûriers ou autres arbres fruitiers.

26. La cotisation des terres vaines et vagues ou en friche depuis quinze ans, qui sont plantées en vignes, en mûriers ou autres arbres fruitiers, ne peut être augmentée pendant les vingt premières années de la plantation.

Terrains en valeur plantés en vignes, mûriers ou autres arbres fruitiers.

27. Le revenu imposable des terrains déjà en valeur, qui viennent à être plantés en vignes, en mûriers ou autres arbres

l'expiration des deux années d'exemption, de la portion d'impôt qui leur est afférente. (Décision du conseil d'État du 24 décembre 1818.)

fruitiers , ne peut être évalué, pendant les quinze premières années de la plantation , qu'au taux du revenu attribué aux erres d'égale valeur non plantées.

Terrains en valeur plantés ou semés en bois.

28. Le revenu imposable des terrains en valeur, qui viennent à être plantés ou semés en bois, ne peut être évalué, pendant les trente premières années de la plantation ou du semis, qu'au quart de celui des terres d'égale valeur non plantées.

Semis et plantations de bois sur le sommet et le penchant des montagnes, sur les dunes et les landes.

29. Les semis et plantations de bois sur le sommet et le penchant des montagnes, sur les dunes et les landes sont exempts de tout impôt pendant trente ans (art. 226 de la loi du 18 juin 1859, modificative de diverses dispositions du Code forestier, et notamment de l'art 225, qui n'accordait l'exemption que pendant vingt ans).

Déclaration exigée par la loi du 3 frimaire an VII.

30. Pour jouir de ces divers avantages, et à peine d'en être privé, le propriétaire sera tenu de faire au secrétariat de l'administration municipale dans le territoire de laquelle les biens sont situés, avant de commencer les desséchements, défrichements et autres améliorations, une déclaration des terrains qu'il voudra ainsi améliorer. Cette déclaration sera inscrite sur un registre ouvert à cet effet, et sera signée par le déclarant ou son fondé de pouvoirs.

Le maire transmet les déclarations de l'espèce à la sous-préfecture où elles sont inscrites sur le registre des réclamations relatives aux contributions.)

Dans es dix jours qui suivent la déclaration, le maire et

les répartiteurs sont chargés de constater par un procès-verbal l'état des terrains déclarés. Ce procès-verbal reste affiché pendant vingt jours. Les maire, répartiteurs et tous contribuables ont le droit de contester la déclaration et de faire des observations. Si la déclaration est reconnue sincère, le sous-préfet arrête que le contribuable a le droit de jouir de l'exemption. Dans le cas contraire, il en est référé au préfet, qui statue sur le rapport du directeur des contributions directes (résumé des art. 119 et 120 de la loi sus-indiquée).

Utilité de la déclaration, même dans les communes nouvellement cadastrées.

31. Pour prévenir toute méprise de la part des propriétaires au sujet des dispositions relatives aux exemptions temporaires d'impôt, nous croyons nécessaire de leur rappeler que le principe de la fixité des évaluations cadastrales s'oppose à ce qu'ils jouissent, avant le renouvellement du cadastre, des exemptions temporaires édictées par la loi en faveur des terrains desséchés, défrichés ou améliorés. Il semblerait donc que, dans les communes récemment cadastrées, le bénéfice de ces dispositions fût illusoire, et que, par conséquent, il n'y eût aucune utilité pour les propriétaires à faire la déclaration des terrains qu'ils veulent améliorer. Nous leur conseillons, au contraire, de ne pas la négliger, car il peut arriver qu'on soit amené à refaire le cadastre dans la commune où sont situés les terrains avant l'expiration du délai pendant lequel ils doivent jouir du bénéfice de la loi, et ils s'exposeraient, en ne remplissant pas les formalités légales, à voir évaluer les terrains qu'ils auraient améliorés sur le même pied que les terrains de même nature, tandis qu'en faisant la déclaration prescrite, ils préviennent toute augmentation prématurée.

En ce qui concerne les semis et plantations de bois, l'utilité de la déclaration ne peut manquer d'être appréciée, attendu que tout propriétaire qui, au préalable, a fait la déclaration des terrains qu'il a semés ou plantés est admis à jouir immédiatement des exemptions ou modérations d'impôt accordées par la loi.

Mutations foncières.

32. Après avoir passé en revue aussi succinctement et clairement que possible ceux des principes généraux relatifs à la contribution foncière susceptibles d'intéresser les contribuables, il nous paraît utile de dire quelques mots au sujet des mutations foncières.

Personne n'ignore : 1° que les propriétés foncières sont portées dans les matrices de rôles au nom des propriétaires réels, ou des usufruitiers ou des emphytéotes ; — 2° que, par conséquent, toutes les fois que, par suite de vente, échange, donation, décès, mariage, cessation d'usufruit ou expiration de bail emphytéotique, on cesse d'avoir la jouissance d'une propriété foncière, il y a lieu d'en faire opérer la mutation sur les matrices de rôles ; — 3° que, jusqu'à ce que la mutation soit effectuée, l'ancien propriétaire ou usufruitier demeure responsable de la contribution foncière vis-à-vis du trésor.

Cette dernière circonstance, indépendamment des autres inconvénients, devrait être, au moins pour l'ancien propriétaire ou usufruitier, un stimulant de nature à prévenir toute négligence de sa part dans la déclaration des mutations des propriétés dont il a cessé de jouir. Il n'en est rien cependant, et c'est à peine, on le constate avec regret, si on répond aux invitations que les percepteurs et les contrôleurs des contributions directes adressent aux parties intéressées pour les engager à venir les renseigner sur les propriétés dont les relevés des actes translatifs leur ont fait connaître la mutation.

Inconvénients pour les vendeurs ou anciens propriétaires à ne pas faire régulièrement les mutations.

33. Les vendeurs ou anciens propriétaires sont plus directement intéressés que les acquéreurs à faire opérer régulièrement les mutations ; car, s'il est vrai qu'ils peuvent exercer leur récours contre les acquéreurs au sujet des impôts des propriétés qu'ils ont vendues et dont ils ont négligé de faire la mutation, ils devraient ne pas perdre de vue que ce recours peut tout à coup leur faire défaut, attendu qu'il ne constitue pas pour eux un privilège sur les biens vendus, et que, si les acquéreurs deviennent insolvables, ils auront perdu par leur négligence le montant des contributions qu'ils auront avancées.

Tout propriétaire qui attache de l'importance à la régularité de ses affaires, qui veut s'épargner des démarches, des désagréments et souvent des pertes pécuniaires, devrait faire la déclaration de ses mutations dans le mois qui suit la réalisation des actes ou l'avénement des causes qui peuvent donner lieu à mutation.

Déclarations reçues gratuitement.

34. Les déclarations de mutations foncières faites tant aux contrôleurs qu'aux percepteurs et à leurs auxiliaires, s'il y a lieu (1), sont reçues gratuitement, et les parties doivent se refuser au payement de toute indemnité, si, contre toute supposition, il leur en était réclamé.

Rôles auxiliaires des fermiers ou locataires.

35. Lorsqu'un propriétaire ou usufruitier a plus de *trois* fermiers ou locataires dans la même commune, il peut, s'il veut faire payer la contribution foncière par chacun de ses fermiers ou locataires, faire rédiger un rôle spécial à ses frais, moyennant cinq centimes par article de rôle, en ayant soin de remettre au percepteur une déclaration conforme au modèle ci-dessous. Cette déclaration doit être remise à ce fonctionnaire dans le courant de décembre, au plus tard. Ce

____

(1) Réglementairement il n'y a pas d'auxiliaires, mais on en tolère quelquefois.

Ce tarif est susceptible d'une augmentation ou d'une diminution proportionnelle, selon que son produit total est inférieur ou supérieur au contingent de la commune en principal et centimes additionnels (1).

Les villes de Paris, Bordeaux, Lyon, etc. sont autorisées à établir, pour la répartition de leurs contingents dans la contribution des portes et fenêtres, un tarif spécial combiné de manière à tenir compte à la fois de la valeur locative des maisons et usines et du nombre des ouvertures.

Villes et communes au-dessus de 5,000 âmes.

Dans les villes et communes dont la population totale est au-dessus de 5,000 âmes, on n'applique la taxe afférente au chiffre de la population qu'aux portes et fenêtres des bâtiments qui se trouvent compris dans la partie agglomérée de la ville ou de la commune. Celles des bâtiments qui sont épars ne sont taxées que d'après le tarif applicable aux communes d'une population inférieure à 5,000 âmes. Quant à la taxe afférente aux portes et fenêtres de la partie agglomérée, elle est basée sur la population totale de la commune ou de la ville.

---

(1) Exemple : Supposons que l'application du tarif ci-dessus à toutes les catégories de portes et fenêtres donne pour la commune, un produit de 30,000 francs, et que le contingent assigné à la commune soit de 40,000 francs, le tarif de la loi se trouvant trop faible d'un quart, il en résultera que l'évaluation de chaque catégorie de portes et fenêtres sera augmentée dans cette proportion, et que, par conséquent, la taxation établie par le tarif de la loi à 30 centimes sera portée dans la formation du tarif définitif à 40 centimes. On ferait l'opération inverse si le tarif de la loi donnait un produit de 40,000 francs et que le contingent ne fût que de 30,000 francs.

Cette opération est renouvelée tous les ans pour chaque commune, parce que, indépendamment des variations que le contingent de la commune subit annuellement, suivant l'augmentation ou la diminution du nombre des ouvertures provenant des constructions nouvelles ou des démolitions, ce contingent peut encore être modifié par l'augmentation ou la diminution des centimes additionnels départementaux ou communaux.

Dans les villes ayant un octroi, la partie agglomérée s'entend de ce qui est compris dans les limites de l'octroi.

Il peut arriver que, dans certaines villes, on comprenne dans la circonscription de l'octroi la partie rurale et la partie urbaine. Cette circonstance ne doit pas faire taxer les portes et fenêtres de la partie rurale d'après le chiffre de la population de la commune, car l'intention du législateur a été de faire une exception en faveur des habitations éparses. Le même motif doit faire taxer, d'après le chiffre applicable aux communes au-dessous de 5,000 âmes, les portes et fenêtres des communes ayant plus de 5,000 âmes, mais dans lesquelles les maisons ne forment pas d'agglomération importante.

Assiette de la contribution des portes et fenêtres.

37. La loi fondamentale de la contribution des portes et fenêtres est celle du 4 frimaire an VII. Mais plusieurs dispositions de cette loi ont été abrogées, d'autres ont reçu des extensions par la promulgation de lois subséquentes et notamment de celle du 21 avril 1832. Enfin des décisions ministérielles, des arrêts du Conseil d'Etat ont éclairci des cas particuliers qui pouvaient donner lieu à des interprétations différentes. C'est le résumé de l'état actuel de la législation et de la jurisprudence que nous allons présenter aux contribuables.

La contribution des portes et fenêtres est établie sur toutes les portes et fenêtres *qui ne sont pas pratiquées dans l'intérieur des bâtiments*, quelles que soient leur forme et leur dimension, pourvu qu'elles soient clôturées et qu'elles donnent air, jour ou accès à des bâtiments destinés à l'habitation, au commerce ou à l'industrie, sauf les exceptions qui seront déterminées ci-après.

Énumération des portes et fenêtres non imposables.

38. Ne sont pas imposables les portes et fenêtres servant à éclairer ou aérer les *granges, bergeries, étables, laiteries, chalets, serres* et *orangeries*, et tous locaux servant exclusivement à l'agriculture ; — celles des *remises*, à moins qu'elles ne donnent accès à des locaux affectés à l'habitation ou au commerce ; — celles des *pressoirs* qui ne servent pas à travailler pour le public ; — celles des *greniers*, à moins qu'ils ne servent de magasins pour le commerce ; celles des *caves*, à moins qu'elles ne servent d'habitation, de magasin, de cabaret, de cuisine, etc. ; — celles des *combles* ou *toitures*. Toutefois les fenêtres dites *mansardes* ou *tabatières*, qui s'ouvrent sur les toits, sont imposables lorsqu'elles servent à éclairer l'escalier de l'habitation ou des pièces habitables.

Ne sont pas imposables les *œils-de-bœuf*, à moins qu'ils n'éclairent des pièces habitables ; — les *vitrages* placés au-dessus des portes ; — les portes et fenêtres des monts-de-piété ; — les portes intérieures de communication d'une cour dans une autre ; — une porte qui conduit d'une cour dans un jardin, à moins qu'il n'y ait dans le jardin un pavillon habitable ; — les portes *intermédiaires* entre les portes d'avenue d'un parc et la maison ; — les *embrasures* pratiquées dans un mur de cour, de jardin, de parc ou de clos contigu ou non à l'habitation, clôturées par des volets ou jalousies et donnant sur la voie publique ou sur les champs, car elles n'éclairent pas des locaux habités.

Ne sont pas imposables les *portes* des chambres donnant sur une galerie clôturée, à laquelle on parvient par un escalier placé à l'extérieur de la maison, si, toutefois, l'escalier est clos par une porte. Cette porte seule est imposable dans ce cas ; mais si l'escalier n'est pas clos par une porte, toutes les portes donnant sur la galerie sont alors imposables.

Ne sont pas imposables les *portes* donnant sur des galeries établies aux étages supérieurs des maisons, quand ces galeries n'ont pas d'issues extérieures.

Ne sont pas imposables les portes et fenêtres des bâtiments destinés à un service public civil, religieux, militaire, ou d'instruction, ni celles des bâtiments des hospices. Néanmoins, les fonctionnaires de tout ordre, logés gratuitement dans les bâtiments appartenant à l'État, aux départements, aux communes ou aux hospices, sont nominativement imposés pour toutes les portes et fenêtres des portions de ces bâtiments servant soit à leur habitation personnelle, soit à la représentation.

Ne sont pas imposables les portes et fenêtres des maisons particulières louées pour un service public, à moins que le bail ne laisse à la charge du bailleur l'impôt des portes et fenêtres. Toutefois, elles continuent à être cotisées dans les rôles. La portion des cotes afférentes à l'habitation personnelle des occupants est, s'il y a lieu, payée par ces derniers ; le surplus est imputé annuellement sur le fonds de non-valeurs.

Portes et fenêtres des manufactures.

39. — La loi spéciale du 4 germinal an XI exempte de l'impôt les portes et fenêtres des manufactures ou *grands* établissements industriels où les produits se fabriquent à la main.

On doit, dans tous les cas, imposer les portes et fenêtres des locaux servant de logement aux manufacturier, concierge, commis et ouvriers, et de ceux servant de magasins de vente, lorsque le manufacturier vend directement aux consommateurs les produits de sa fabrique.

EXPLICATION DE DIVERS CAS PARTICULIERS.

Portes et fenêtres donnant sur une galerie ou sur un passage.

40. — Sont imposables les ouvertures donnant sur une galerie couverte et non clôturée ; — les ouvertures donnant snr un passage public, alors même que ce passage est clôturé à ses deux extrémités.

Portes en claire-voie.

41. — Les portes en claire-voie, construites en fer, en

bois, ou même en treillage, sont imposables lorsqu'elles donnent accès à des locaux destinés à l'habitation, au commerce ou à l'industrie, qu'elles forment l'entrée extérieure d'une cour ou d'un jardin, ou d'un clos quelconque renfermant l'un des locaux susdésignés.

Portes d'avenues d'un parc.

42. — Les portes d'avenues donnant sur la voie publique, et donnant accès à l'habitation, sont imposables.

Portes des chantiers et hangars.

43. — Les portes et fenêtres des chantiers et hangars sont imposables comme celles des magasins, *lorsque ces locaux sont destinés au commerce.*

Portes et fenêtres des établissements de bains et des moulins flottants sur rivière.

44. — Les ouvertures des bains et moulins flottants sur rivières sont imposables.

Ouvertures éclairant deux pièces.

45. — La porte ou la fenêtre qui éclaire à la fois deux locaux différents est imposable pour deux ouvertures.

Devantures des boutiques ou ateliers.

46. — Les vitrages existant à la devanture des boutiques ou ateliers sont comptés pour *trois* ouvertures, quand la porte d'entrée se trouve au milieu; pour *deux*, si elle est sur le côté.

On ne doit compter qu'une seule ouverture, si les ouvertures à droite et à gauche ne sont distinctes de la porte que par un mur à hauteur d'appui.

Lorsqu'une façade est entièrement vitrée, on doit compter autant d'ouvertures qu'il y a de séparations solides en fer, en pierre ou en bois.

Portes cochères, charretières.

47. — Sont imposables comme portes-cochères ou charretières celles qui, pouvant livrer passage à une voiture, donnent accès aux maisons d'habitation, usines, magasins et hangars.

Ainsi, sauf les exceptions ci-dessous indiquées, on ne doit pas taxer comme portes-cochères ou charretières les portes qui, bien qu'ayant les dimensions convenables, ne peuvent cependant livrer passage aux voitures; soit parce qu'elles sont élevées au-dessus du sol par un ou plusieurs degrés, soit parce qu'elles sont obstruées par des plantations, ou qu'elles servent d'entrée à un vestibule sous lequel il serait impossible de placer une voiture.

Portes ordinaires imposables comme cochères.

48. — Sont assimilées aux portes cochères et imposables comme telles:

1° Les portes d'entrée des maisons occupées *en entier* par des banquiers, agents de change, négociants et marchands en gros, commissionnaires ou courtiers de marchandises;

2° La porte principale des magasins occupés par les patentables susdésignés, si les magasins sont situés au rez-de-chaussée et si la porte donne sur la voie publique ou sur la cour.

Portes charretières dans les exploitations rurales.

49. — Dans les exploitations rurales, on ne compte qu'une seule porte charretière par ferme ou métairie; les autres portes charretières ne sont imposables que comme portes ordinaires.

Portes charretières dans les communes au-dessous de 5,000 âmes.

50. — Dans les communes au-dessous de 5,000 âmes, les portes charretières donnant accès aux maisons ayant

moins de six ouvertures ne sont taxées que comme portes ordinaires.

Portes cochères des magasins.

50 *bis.* — Les portes des magasins pouvant donner passage à une voiture sont imposables comme cochères, lors même que le magasin aurait moins de six ouvertures.

Portes communes à plusieurs propriétaires.

51. — Lorsqu'une porte cochère ou ordinaire est commune à deux propriétaires, et qu'elle sert à l'un pour entrer dans son habitation, à l'autre pour arriver à des bâtiments ruraux, elle est imposable au nom du propriétaire de l'habitation. (Instruction du 30 septembre 1831.)

Si une porte cochère ou ordinaire est commune à divers propriétaires, et qu'elle serve aux uns et aux autres pour arriver à des bâtiments qui ne sont pas exempts de la contribution des portes et fenêtres, la taxe de ladite porte doit être répartie entre chacun d'eux, proportionnellement à la contribution foncière assise sur lesdits bâtiments. (Arrêt du conseil d'Etat, du 10 février 1833.)

Par qui est due et comment doit être répartie la contribution des portes et fenêtres entre propriétaires et locataires.

52. — La contribution des portes et fenêtres est exigible contre les propriétaires et usufruitiers, fermiers et locataires principaux des maisons, bâtiments et usines, sauf leur recours contre les locataires particuliers pour le remboursement de la somme due à raison des locaux par eux occupés.

Les fermiers et principaux locataires peuvent être contraints directement par le percepteur au payement de ladite contribution.

Lorsque le bâtiment est occupé par le propriétaire ou usufruitier et un ou plusieurs locataires, ou par plusieurs locataires seulement, la contribution des portes et fenêtres d'un usage commun est acquittée par le propriétaire ou usufruitier. (Extrait de la loi du 4 frimaire an vii.)

Le propriétaire ou usufruitier qui donne sa maison à loyer à plusieurs locataires retient à chacun d'eux la taxe des portes et fenêtres qui sont à leur usage particulier ; mais la porte d'entrée, les fenêtres du palier ou de l'escalier, enfin, les portes et fenêtres qui n'appartiennent pas plus à un locataire qu'à un autr restent à la charge du propriétaire ou usufruitier.

S'il n'y a qu'un locataire occupant toute la maison, toutes les portes et fenêtres étant à son usage, le propriétaire lui retient toute la taxe.

S'il y a un principal locataire, le propriétaire lui retient toute la taxe, et le principal locataire, retenant à chacun des sous-locataires la taxe des portes et fenêtres à l'usage exclusif de chacun d'eux, prend à sa charge les portes et fenêtres d'un usage commun. (Instruction ministérielle du 12 frimaire an vii.)

Vacances de maisons et chômages d'usines.

52 *bis*. Le bénéfice de la loi du 3 frimaire an vii, en ce qui concerne le dégrèvement de la contribution foncière pour vacances de maisons et chômages d'usines, a été étendu à la contribution des portes et fenêtres par une décision ministérielle du 13 germinal an ix.

Constructions nouvelles.

53. La contribution des portes et fenêtres étant, ainsi que cela résulte des dispositions susindiquées, une charge purement locative, ne peut être assimilée à la contribution foncière, qui est une charge de la propriété. Il en résulte que l'exemption temporaire d'impôt que la loi du 3 frimaire an vii édicte en faveur des bâtiments nouvellement construits ou reconstruits, concernant la contribution foncière, n'est pas applicable aux portes et fenêtres de ces mêmes bâtiments. Les portes et fenêtres sont imposables pour l'année qui suit celle où lesdits bâtiments ont été habitables.

CONTRIBUTION PERSONNELLE ET MOBILIÈRE.

PRINCIPES GÉNÉRAUX.

(La loi qui régit la contribution personnelle et mobilière est celle du 21 avril 1832.)

Assiette de la contribution personnelle et mobilière.

COMPOSÉE DE DEUX TAXES.

54. La contribution personnelle et mobilière se compose de deux taxes distinctes : la taxe *personnelle* et la taxe *mobilière*.

Taxe personnelle.

55. La taxe personnelle est fixée au taux de trois journées de travail, dont le prix est déterminé pour chaque commune par le conseil général : elle est égale, par conséquent, pour tous les habitants d'une même commune.

D'après la loi du 21 avril 1832, cette taxe est imposée en principal seulement ; d'où il suit que les centimes additionnels de toute nature, bien que devant être calculés sur la totalité du contingent personnel et mobilier, ne sont répartis que sur les taxes mobilières.

Taxe mobilière.

56. La taxe mobilière se détermine pour les contribuables en déduisant du contingent assigné à la commune le montant des taxes personnelles et en répartissant le restant au prorata de la valeur locative de l'habitation de chacun d'eux.

Les bâtiments ou parties de bâtiments consacrés à l'habitation personnelle sont les seuls qui doivent être compris dans l'évaluation des loyers, et leur valeur locative est la seule base légale de l'impôt mobilier.

Ainsi, il n'est pas légal de prendre pour bases le plus ou moins d'importance du mobilier, ni les facultés présumées des contribuables, ni le revenu cadastral de l'habitation, etc. Mais, pour arriver à déterminer les loyers d'habitation, on peut toutefois employer des éléments divers, pourvu que ces éléments soient apparents, qu'ils soient les mêmes pour tous les habitants et de nature à ne pas détruire la proportionalité qui doit exister entre les divers contribuables de la commune, eu égard au loyer d'habitation de chacun d'eux.

Locaux qui ne doivent pas entrer dans l'évaluation des loyers.

57. Les bâtiments ou partie de bâtiments consacrés *exclusivement* à l'agriculture ne doivent pas entrer dans l'évaluation des loyers.

Il en est de même des locaux spécialement destinés aux bureaux des fonctionnaires publics.

Ne doivent pas non plus être compris dans l'évaluation des loyers les bâtiments ou partie de bâtiments *exclusivement* consacrés au commerce ou à l'industrie, lors même que les contribuables qui les occupent ne seraient pas, en raison de la nature de leur profession, soumis au droit proportionnel de patente pour la valeur locative de ces locaux (1). (Loi du 21 avril 1832.)

____

(1) Lorsqu'un magasin ou un atelier sont d'un usage commun à l'habitation et à l'exercice d'une profession, ces locaux sont alors imposables, mais on ne doit prendre pour base de la cotisation mobilière qu'une partie de la valeur locative totale, sans que pourtant on puisse descendre dans aucun cas au-dessous du chiffre représentant la valeur locative d'une seule chambre. (Instruction du 50 mars 1831.)

Les études et cabinets des notaires, avocats, avoués, huissiers, etc..., les cabinets des médecins, chirurgiens, dentistes, etc., *lorsque les études ou cabinets sont complétement distincts de l'habitation personnelle et exclusivement consacrés à l'exercice de la profession*, sont également compris dans les exceptions ci-dessus désignées. (Arrêts du conseil d'État du 22 mars 1855 et 29 juillet 1857.)

Les personnes qui louent en garni une partie de leur habitation personnelle ne sont pas imposables à la taxe mobilière à raison du loyer total de leur maison, mais seulement à raison du loyer afférent aux parties du bâtiment dont ils se réservent la jouissance. (Arrêt du conseil d'État du 22 novembre 1851.)

Par qui est due la contribution personnelle et mobilière.

58. La contribution personnelle et mobilière est due pour chaque habitant français et étranger de tout sexe, jouissant de ses droits et non réputé indigent.

Sont considérés comme jouissant de leurs droits, les veuves et les femmes séparées de leurs maris, les garçons et filles majeurs ou mineurs ayant des moyens suffisants d'existence, soit par leur fortune personnelle, soit par la profession qu'ils exercent, lors même qu'ils habitent avec leur père, mère, tuteur ou curateur. (Loi du 21 avril 1832.)

Nomenclature alphabétique de quelques cas particuliers qui ont été fixés par la jurisprudence, concernant les individus passibles ou non de la contribution personnelle et mobilière.

Aumôniers.   **59.** Sont imposables à la contribution personnelle et mobilière, les aumôniers des prisons, des hospices, etc., même quand ils sont logés dans lesdits établissements ;

Avocats.   A la taxe personnelle, un avocat, quoique demeurant chez ses père et mère ;

A la taxe mobilière, les cercles, sociétés de francs-maçons, sociétés littéraires et autres, les chambres des notaires, avoués, etc.;

A la contribution personnelle et mobilière, un habitant qui, ayant fait l'abandon de tous ses biens à ses enfants, vivrait aux dépens de ces derniers;

Un habitant qui, ayant enlevé de sa maison tous les autres objets mobiliers, y aurait conservé les meubles meublants, tels que lits, tables, chaises, etc.;

N'est imposable qu'en raison de la valeur locative de son logement évalué comme s'il n'était pas meublé, l'habitant occupant un appartement qui lui est loué garni de meubles;

Qu'en raison de la valeur locative de l'habitation occupée par lui en dernier lieu, l'habitant qui a démeublé avant le 1ᵉʳ janvier, pour cause de réparations, la maison à raison de laquelle il est imposé, et qui habite provisoirement une maison de moindre importance.

Les curés et desservants sont imposables en raison de la valeur locative totale de la maison presbytériale, lors même qu'ils n'en occuperaient qu'une partie, du moment qu'elle est tout entière à leur disposition.

Sont imposables à la contribution personnelle et mobilière, les préposés du service actif des douanes, lorsqu'ils possèdent une habitation particulière dans une commune. (Les autres sont exempts de toute cotisation.)

Les commis salariés, les précepteurs, les dames de compagnie, les hommes d'affaires, les concierges, les gardes particuliers, et, en un mot, les employés ou autres personnes qui, quoique logés, nourris et à gages, ne peuvent être considérés comme en état de domesticité, sont soumis à la taxe personnelle, et même à la taxe mobilière, s'ils occupent des logements pour lesquels le propriétaire ou chef d'établissement qui les emploie n'est pas déjà cotisé lui-même.

Femme mariée. Est imposable à la contribution personnelle et mobilière une femme mariée, quoique non séparée judiciairement, dès lors que le domicile du mari est inconnu.

Est légalement imposée, mais à la taxe mobilière seulement, une femme qui, ayant contracté mariage, n'a quitté son habitation que postérieurement à la confection des rôles et qui ne justifie pas de l'imposition de son mari à la contribution mobilière pour le même exercice.

La femme mariée, séparée de biens, n'est pas nominativement imposable à la contribution personnelle et mobilière, si elle n'est pas séparée de corps, bien qu'elle occupe une maison distincte de celle de son mari. C'est au nom du mari que la côte doit être établie ; attendu qu'une femme non séparée de corps n'a pas légalement d'autre domicile que celui de son mari.

Fils ou filles majeurs. Les fils ou filles majeurs non mariés, qui ont une habitation distincte de celle de leurs parents, doivent la contribution personnelle et mobilière, lors même qu'ils recevraient des secours de leurs parents. Mais ils ne sont imposables toutefois qu'autant qu'ils jouissent de leurs droits et ne sont pas réputés indigents.

Est légalement imposé à la contribution personnelle et mobilière le fils ou le gendre qui occupe dans la maison de son père un appartement particulier. Dans le cas où le père serait déjà taxé pour la totalité de la maison, ce serait à lui et non au fils de réclamer.

Un garçon majeur, demeurant chez ses père et mère, est imposable à la taxe personnelle, dès lors qu'il remplit un emploi public, serait-il non salarié.

Les mineurs qui n'exercent aucune profession et qui n'ont point par leur fortune personnelle des moyens suffisants d'existence sont exempts de toute taxe. *Fils ou Filles mineurs*

Les mineurs, ayant même moins de 18 ans, dès lors qu'ils ont des droits acquis et ne sont pas réputés indigents, sont imposables à la taxe personnelle, bien qu'ils habitent avec leur père, mère, tuteur ou curateur, et bien que la jouissance légale de leurs biens appartienne au père ou à la mère survivant.

Les mineurs exerçant une profession lucrative ou occupant des fonctions salariées sont imposables, quoique demeurant avec leurs père et mère.

Tous les fonctionnaires de l'ordre civil, religieux ou militaire, sauf les exceptions en faveur des officiers avec troupes, sont imposables à la contribution personnelle et mobilière, même lorsqu'ils sont logés gratuitement dans des bâtiments publics. A l'exception des pièces affectées à un service public, ils doivent être cotisés à raison de tous les locaux loués par eux ou mis à leur disposition, sans réclamation de leur part, lors même qu'ils ne les occuperaient pas en totalité. *Fonctionnaires.*

Parmi les fonctionnaires imposables sont compris les contrôleurs d'armes, ainsi que les employés de la guerre et de la marine dans les garnisons et dans les ports.

Les gardes d'artillerie et du génie sont imposables à la contribution personnelle et mobilière. *Gardes d'artillerie et du génie.*

L'héritier d'une personne décédée doit la contribution *personnelle et mobilière* imposée au nom de cette personne, si le décès est postérieur au 1er janvier de l'année pour laquelle la cotisation est établie. Il la doit même, dans ce cas, bien que la maison soit démeublée aussitôt après le décès. *Héritiers.*

Mais si le décès était antérieur au 1er janvier, il ne

devrait que la *taxe mobilière*, encore faudrait-il, pour qu'il en fût ainsi, que l'habitation fût restée meublée à sa disposition postérieurement au 1er janvier.

Indigents. Les indigents sont exempts de la contribution personnelle et mobilière.

Juges suppléants ou auditeurs. Un juge suppléant, un juge auditeur, lors même qu'il habiterait chez ses père et mère, doit la taxe personnelle. Il est passible également de la taxe mobilière, s'il a un appartement distinct de celui de ces derniers.

Mariés (nouveaux). Les nouveaux mariés, même habitant avec leurs père et mère et travaillant avec eux, sont imposables à la taxe personnelle.

Membres de la famille dans les maisons de laboureurs. Les membres de la famille dans les maisons de laboureurs, soit enfants, soit neveux ou autres membres de la famille dont le concours est indispensable pour le service des exploitations, ne doivent pas être considérés comme exerçant une profession pour leur compte, et ne sont pas, par conséquent, passibles de la contribution personnelle et mobilière, ni de la seule taxe personnelle, alors même qu'ils sont majeurs, à moins qu'ils ne jouissent de leurs droits et qu'ils n'aient un revenu personnel suffisant.

Occupant. La contribution personnelle et mobilière est imposable au nom de la personne qui occupe l'habitation, et non à celui de la personne pour laquelle le bail a été consenti.

Officiers. Sont imposables à la contribution personnelle et mobilière, d'après le même mode et dans la même proportion que tous les autres contribuables, les officiers de terre et de mer ayant des habitations particulières, soit pour eux, soit pour leur famille ; les officiers sans troupes, officiers d'état-major, de gendarmerie ou de recrutement. Toutefois les officiers avec troupes et sans résidence fixe sont exempts de la contribution, bien qu'ils occupent un logement en dehors des bâtiments de l'État, pourvu que ce logement n'excède pas l'importance de celui qui leur aurait été concédé dans les bâtiments de l'État, s'il en eût existé dans le lieu de garnison, et lors même que le loyer dépasserait, mais d'une manière peu sensible, l'indemnité de logement qui leur est allouée.

Dans le cas où le loyer dépasserait sensiblement l'indemnité allouée, les officiers seraient imposables d'après la valeur locative de leur logement, déduction faite du montant de l'indemnité.

Sont imposables à la contribution personnelle et mobilière, lorsqu'ils ont une habitation meublée, l'officier d'infanterie de marine en non-activité; l'officier attaché en qualité de surveillant à l'école militaire; l'officier d'état-major attaché à une résidence fixe, même quand il fait partie de l'armée active; l'officier d'artillerie, l'officier du génie faisant partie de l'état-major particulier desdites armes et ayant une résidence fixe; et, enfin, un général commandant une division ou un département.

Mais les officiers d'artillerie, de remonte, de recrutement, etc., qui ne cessent pas de compter à leurs corps et qui ne sont que temporairement détachés, ne sont pas imposables, à moins qu'ils n'aient une habitation particulière sensiblement plus importante que celle qu'ils peuvent avoir avec l'indemnité qui leur est allouée.

Les officiers en disponibilité sont imposables au même titre que les officiers sans troupes.

L'officier étranger, réfugié ou non, résidant en France, est imposable au même titre que les habitants français.

Les personnes qui se vouent exclusivement et gratuitement soit à l'instruction de la classe indigente, soit à des œuvres de charité, ne sont pas imposables.

Cette exemption n'est pas applicable aux religieux

et religieuses qui subviennent à leurs besoins sur leurs propres revenus, ou qui se livrent à l'instruction moyennant un salaire payé par les parents des élèves ou par les communes.

Serviteurs. Les domestiques de l'un et de l'autre sexe ne sont imposables ni à la taxe personnelle, ni à la taxe mobilière, quand ils sont nourris et logés chez leurs maîtres et *exclusivement* consacrés au service de la personne, du ménage ou de l'exploitation. Ils sont passibles de l'une et l'autre taxe, s'ils ont en propriété ou en location une habitation particulière pour eux ou pour leur famille.

Surnuméraires. Les surnuméraires des diverses administrations, majeurs ou mineurs, sont imposables, surtout lorsqu'ils ont une habitation distincte de celle de leurs père et mère.

Lieu où est due la contribution personnelle et mobilière.
Taxe personnelle.

60. La taxe personnelle n'est due que dans la commune du domicile réel. En cas de pluralité d'habitations, on considère comme domicile réel celui de la commune où l'on réside le plus habituellement. Si l'on réside aussi longtemps dans l'une que dans l'autre, le domicile réel est celui de la commune où l'on exerce une profession quelconque, où l'on a ses propriétés, sa principale habitation, etc. Au reste, la détermination du domicile réel dépend quelquefois d'un concours de circonstances qu'il est impossible de préciser d'avance.

Taxe mobilière.

61. La taxe mobilière est due dans toutes les communes où l'on a des habitations meublées, et pour toutes les habitations meublées dans une même commune et dont on se réserve la jouissance.

Ainsi, le cultivateur qui exploite deux domaines dans la même commune, ou dans des communes différentes, est imposable à la contribution mobilière à raison des deux habitations, si elles sont meublées.

Le propriétaire qui, indépendamment de son habitation, posséderait dans un jardin, dans un bosquet, etc., même loin de son habitation, un pavillon meublé dont il se réserverait la jouissance, serait imposable à la taxe mobilière pour ledit pavillon, ce local ne lui servirait-il que de lieu de repos.

Individus habitant une commune au moment de la confection des rôles.

62. Tout individu qui habite une commune au moment de la confection des rôles, et qui remplit du reste les autres conditions légales, doit y être compris dans le rôle de la contribution personnelle et mobilière.

Par suite de cette disposition, qui est indispensable pour prévenir les omissions, et dont l'équité ne saurait être contestée, malgré les inconvénients qu'elle entraîne, il peut arriver qu'un contribuable, qui aurait changé de domicile pendant la durée de la confection des rôles, se trouve imposé à la contribution personnelle et mobilière dans deux communes à la fois. Dans ce cas, c'est dans la commune où il avait son domicile au 1er janvier que la contribution est due, et c'est dans l'autre seulement qu'il peut réclamer la décharge, en justifiant de son imposition dans la commune de sa nouvelle résidence.

Dans le cas où un contribuable ne quitterait que *postérieurement à la confection des rôles* une commune dans laquelle il a été imposé, il ne serait pas fondé à y réclamer la décharge de sa contribution, s'il n'était pas imposé dans celle de sa nouvelle résidence, à moins toutefois qu'il ne résidât, *depuis une époque antérieure au 1er janvier*, dans une commune où le montant de la contribution personnelle et mobilière serait perçu sur les produits de l'octroi ; encore faudrait-il, si une partie seulement de cette contribution était perçue sur les produits de l'octroi, qu'il justifiât que son loyer d'habitation est compris dans la limite des loyers dont la cotisation personnelle et mobilière est perçue sur lesdits produits.

Annualité de l'impôt.

63. La contribution personnelle et mobilière étant établie pour l'année entière, lorsqu'un contribuable viendra à décéder dans le courant de l'année, ses héritiers seront tenus d'acquitter le montant de sa cote. (Loi du 21 avril 1832, art. 21.)

Par suite de cette disposition qui établit le principe de l'annualité de l'impôt, un contribuable qui change d'habitation après le 1er janvier n'est pas fondé à réclamer une réduction sur sa cotisation mobilière.

De même, un fonctionnaire quelconque qui, postérieurement au 1er janvier, cesse ses fonctions volontairement, ou par suite de mise à la retraite, de mise en disponibilité, ou même par suite de révocation, et qui change d'habitation, doit la contribution personnelle et mobilière, pour l'année entière, telle qu'elle a été établie, à raison des locaux par lui occupés au 1er janvier.

Villes ayant un octroi.

64. Dans les villes ayant un octroi, le contingent de la contribution personnelle et mobilière peut, sur la demande des conseils municipaux, être perçu en totalité ou en partie sur les produits de l'octroi.

Dans le cas où une partie seulement du contingent est déclarée devoir être perçue sur ces produits, les conseils municipaux déterminent quels sont les faibles loyers qu'ils veulent exempter de toute cotisation. Le contingent de ces loyers est alors retranché du contingent total, lequel ainsi réduit est réparti sur les loyers qui ne sont pas compris dans l'exemption, soit, suivant le mode adopté par les conseils municipaux, au centime le franc des loyers d'habitation, soit d'après un tarif gradué en raison de la progression ascendante de ces loyers.

CONTRIBUTION DES PATENTES.

Avis aux patentables.

65. Avant de traiter la question des patentes, nous avons cru utile de faire précéder notre travail de cette observation :

Les patentes sont établies d'après la nature des professions, mais non pas selon le plus ou moins d'importance des bénéfices réalisés par les patentables.)

Ce n'est pas sans raison que nous avons voulu mettre en relief cette observation, en la plaçant en tête de notre travail, afin qu'elle frappe mieux l'attention des patentables. Un très-grand nombre d'entre eux, en effet, ignorant ce principe, réclament sans autre motif que le peu d'importance de leurs bénéfices. D'autres, qui le connaissent, se contentent de protester verbalement contre son existence, et voudraient le voir remplacé par un autre qui réglerait les droits de patente d'une manière plus proportionnelle à ces bénéfices. Nous leur ferons remarquer que, pour arriver au résultat qu'ils désireraient, il faudrait se livrer sur les livres de tous les patentables à des recherches qui, en supposant une parfaite régularité dans la tenue de ces livres et une bonne foi entière de la part des intéressés, seraient d'une nature tellement inquisitoriale, et pourraient produire des résultats si fâcheux pour le crédit de certains d'entre eux, que la plupart de ceux qui ne font que murmurer aujourd'hui se soulèveraient d'indignation en présence d'un mode d'assiette si odieux.

Le législateur a compris qu'il ne pouvait pas s'engager dans cette voie. Mais est-ce à dire qu'il n'a pas tenu compte des bénéfices présumés? Non, certes, car il a eu soin de tarifer les divers commerces, industries et professions, tant selon leur importance apparente qu'en raison de la population des communes dans lesquelles ils sont exercés. Il a été si pénétré de cette idée, que c'est pour la réaliser dans la mesure du possible qu'il a établi, pour la plupart des professions, deux droits distincts : un droit fixe et un droit proportionnel. En effet, le droit fixe sans le droit proportionnel frapperait tous les patentables exerçant la même profession dans la même commune d'une taxe uniforme, quelle que fût d'ailleurs l'importance de leurs profits. Le droit proportionnel sans le droit fixe produirait des résultats non moins injustes ; car, le droit proportionnel étant établi sur la valeur locative de l'habitation et des établissements, il arriverait qu'une profession très-lucrative, et n'exigeant qu'un local peu étendu, serait moins imposée qu'une autre profession qui ne donne que peu de bénéfices et qui ne peut s'exercer que dans de vastes locaux. La combinaison de ces deux droits, dont l'un est le correctif de l'autre, témoigne de la sollicitude du législateur à proportionner les cotisations, sinon à l'importance des profits réalisés, ce qui est impossible, du moins à l'importance présumée de ces profits.

LÉGISLATION DE LA CONTRIBUTION DES PATENTES.

(La loi qui régit la contribution des patentes est du 25 avril 1844. Elle a reçu diverses modifications dans les lois de finances des 18 mai 1850, 10 juin 1853 et 4 juin 1858.)

[Tous les articles au bas desquels nous n'indiquerons pas la source d'où ils sont extraits sont pris dans la loi du 25 avril 1844.)

Par qui est due la contribution.

66. La contribution des patentes est due par tout individu, Français ou étranger, exerçant en France un commerce, une industrie, une profession, non compris dans les exceptions ci-après déterminées (98).

Cette contribution se compose, selon les cas : 1° d'un droit fixe et d'un droit proportionnel ; 2° d'un droit fixe seulement ; 3° d'un droit proportionnel seulement.

Assiette du droit fixe.

67. Le droit fixe est réglé conformément aux tableaux A, B, C, qu'on trouvera plus loin. Il est établi :

Eu égard à la population et d'après un tarif général, pour les industries et les professions énumérées dans le tableau A ;

Eu égard à la population et d'après un tarif exceptionnel, pour les industries et professions portées dans le tableau B ;

Sans égard à la population, pour celles qui figurent dans le tableau C.

Quant aux professions du tableau D, elles ne sont soumises qu'au droit proportionnel.

Professions classées par assimilation.

68. Les commerces, industries et professions non dénommés dans les tableaux (sus-indiqués) n'en sont pas moins assujettis à la patente. Le droit fixe auquel ils doivent être soumis est réglé d'après l'analogie des opérations ou des objets de commerce, par un arrêté spécial du préfet, rendu sur la proposition du directeur des contributions directes et après avoir pris l'avis du maire.

Tous les cinq ans, des tableaux additionnels contenant la nomenclature des commerces, industries et professions classés par voie d'assimilation depuis trois années au moins, sont soumis à la sanction législative.

Professions dont le droit fixe varie en raison de la population.

69. — Pour les professions dont le droit fixe varie en raison de la population du lieu où elles sont exercées, les tarifs sont appliqués d'après la population déterminée par la dernière ordonnance de dénombrement.

Néanmoins, lorsque ce dénombrement fait passer une commune dans une catégorie supérieure à celle dont elle faisait primitivement partie, l'augmentation du droit fixe n'est appliqué que pour moitié pendant les cinq premières années.

Professions exercées dans la banlieue des communes de 5,000 âmes et au-dessus.

70. Dans les communes dont la population totale est de 5,000 âmes et au-dessus, les patentables exerçant dans la banlieue des professions imposées eu égard à la population payeront le droit fixe d'après le tarif applicable à la population non agglomérée.

Les patentables exerçant lesdites professions dans la partie agglomérée payeront le droit fixe d'après le tarif applicable à la population totale.

Assiette du droit proportionnel.

71. Le droit proportionnel est établi sur la valeur locative, tant de la maison d'habitation que des magasins, boutiques, usines, ateliers, hangars, remises, chantiers et autres locaux servant à l'exercice des professions imposables.

Il est dû lors même que le logement et les locaux occupés sont concédés à titre gratuit.

NOTA. Le taux du droit proportionnel est, selon les cas, du 15e, du 20e, du 25e, du 30e, du 40e, du 50e ou du 80e de la valeur locative. Ces divers taux seront indiqués, en regard des professions qui y donnent lieu, dans les tableaux présentant la nomenclature des diverses professions.

Mode d'établissement de la valeur locative.

72. La valeur locative est établie d'après les baux, et, à défaut, par voie comparative.

Lorsqu'il n'existe ni bail ni termes de comparaison, la valeur locative est calculée pour les maisons à raison de 5 pour cent du prix de construction des bâtiments, et pour les usines à raison de 5 pour cent du prix de construction de la cage et 10 pour cent du prix d'achat de l'outillage.

Dans les usines mises en action par un cours d'eau, la valeur locative du cours d'eau est évaluée à raison de 5 pour cent de sa valeur vénale.

On ne doit pas comprendre dans la valeur locative des établissements les locaux exclusivement affectés au logement des ouvriers et autres employés. L'outillage de rechange n'est pas compté non plus dans la valeur locative des usines.

(Résumé des §§ 3 et 4 de l'article 9 de la loi du 25 avril 1844 et de diverses décisions et circulaires.)

Patentables passibles de divers droits proportionnels.

73. — Le patentable qui exerce dans un même local, ou dans des locaux non distincts, plusieurs industries ou professions passibles d'un droit proportionnel différent, paye ce droit d'après le taux applicable à la profession pour laquelle il est assujetti au droit fixe.

Dans le cas où les locaux sont distincts, il ne paye pour chaque local que le droit proportionnel attribué à l'industrie ou à la profession qui y est spécialement exercée. Dans ce dernier cas, le droit proportionnel n'en demeure pas moins établi sur la maison d'habitation, d'après le taux applicable à la profession pour laquelle le patentable est imposé au droit fixe.

Patentables exerçant plusieurs professions dont les unes sont passibles du droit proportionnel et les autres ne le sont pas.

74. Lorsqu'un patentable exerce diverses professions, et que parmi elles il en est qui ne donnent pas lieu au droit proportionnel, la valeur locative des locaux où ces dernières sont exercées ne doit pas être frappée de ce droit, à moins toutefois qu'elles ne soient exercées dans le même local que les professions qui en sont passibles, ou dans des locaux non distincts, auxquels cas le droit proportionnel porte sur la valeur locative totale. (Résumé d'une décision du 25 juillet 1845.)

Patentables non passibles du droit proportionnel.

75. Dans les communes dont la population est inférieure à 20,000 âmes (et dans les banlieues), les patentables des 7e et 8e classes du tableau A sont exempts du droit proportionnel.

Dans les communes qui, par suite d'un nouveau dénombrement, passent dans la catégorie de celles de 20,000 âmes et au-dessus, les patentables des 7e et 8e classes ne peuvent être soumis au droit proportionnel que dans le cas où une seconde ordonnance de dénombrement aurait maintenu lesdites communes dans la même catégorie.

Lieu où la patente doit être établie.

76. En principe, la patente est due dans le lieu où la profession est exercée. (Arrêt du conseil d'État du 25 juillet 1848.)

Le marchand forain qui, n'ayant pas de domicile fixe, exerce sa profession alternativement dans plusieurs communes doit être imposé dans la commune où il réside le plus habituellement. (Arrêt du 30 octobre 1848.)

Le marchand forain qui a deux habitations, l'une dans un département où réside sa famille (sa femme et ses enfants), mais où il ne s'occupe pas de l'exercice de son industrie, l'autre dans un département où il exerce habituellement sa profession, doit être imposé dans ce dernier département. (Arrêt du 7 avril 1858.)

Le patentable dont les droits de patente varient suivant la population de la commune dans laquelle la profession est exercée, et qui exerce sa profession alternativement dans le lieu de son domicile et dans une ou plusieurs autres communes, doit être soumis à la patente dans celle des communes qui donne lieu au droit fixe le plus élevé. (Résumé de la jurisprudence.)

Patentables exerçant plusieurs professions.

77. Sous l'empire de la loi du 25 avril 1844, les patentables exerçant plusieurs commerces, industries ou professions, même dans des communes différentes, ne pouvaient être soumis qu'à un seul droit fixe, qui était alors celui de la profession donnant lieu au droit fixe le plus élevé soit d'après la nature de la profession, soit à cause de la population de la commune dans laquelle elle était exercée. Il n'en est plus de même aujourd'hui, ainsi qu'on le verra dans l'article ci-dessous.

Patentables ayant plusieurs établissements, boutiques ou magasins.

78. Le patentable ayant plusieurs établissements, boutiques ou magasins de même espèce ou d'espèces différentes, est, quelle que soit sa classe et sa catégorie comme patentable, imposable au droit fixe entier pour l'établissement, la boutique ou le magasin donnant lieu au droit fixe le plus élevé, soit en raison de la population, soit en raison de la nature du commerce, de l'industrie ou de la profession.

Il est imposable, pour chacun des autres établissements, boutiques ou magasins, à la moitié du droit fixe afférent au commerce, à l'industrie ou à la profession qui y sont exercés.

Les droits fixes et demi-droits fixes sont imposables dans les communes où sont situés les établissements, boutiques ou magasins qui y donnent lieu. (Loi du 4 juin 1858, art. 9.)

Ce qu'il faut entendre par établissements, boutiques ou magasins donnant lieu à des demi-droits fixes additionnels.

79. Il résulte des instructions de l'administration des contributions directes, ainsi que de la jurisprudence du conseil d'État, qu'il ne suffit pas qu'un patentable exerce plusieurs commerces, industries ou professions pour être passible de demi-droits fixes, il faut encore que ces commerces, industries ou professions constituent des établissements distincts ou soient exercés dans des boutiques ou magasins distincts.

Les établissements, boutiques ou magasins sont distincts lorsqu'ils n'ont entre eux aucune communication intérieure; lorsqu'on affecte à chacun d'eux un préposé spécial; lorsque les commerces, industries ou professions n'ont, par leur nature, aucune corrélation entre eux.

Les locaux exclusivement employés au dépôt des marchandises et les ateliers ne servant qu'à la fabrication des objets mis en vente ailleurs ne sont pas considérés comme boutiques ou magasins donnant lieu au demi-droit fixe additionnel.

Marchands sous échoppe ou en ambulance.

80. Tous ceux qui vendent en ambulance des objets non compris dans les exceptions déterminés par l'article 13 de la loi du 25 avril 1844 (1), et tous marchands sous échoppe ou en étalage, sont passibles de la moitié des droits que payent les marchands qui vendent les mêmes objets en boutique. Toutefois, cette disposition n'est pas applicable aux bouchers, épiciers et autres marchands ayant un étal permanent ou occupant des places fixes dans les halles et marchés.

Mari et femme séparés de biens.

81. Les mari et femme séparés de biens ne doivent qu'une patente, à moins qu'ils n'aient des établissements distincts, auquel cas chacun d'eux doit avoir sa patente et payer séparément les droits fixes et proportionnels.

Associés.

82. Les patentes sont personnelles et ne peuvent servir qu'à ceux à qui elles sont délivrées. En conséquence, les associés en nom collectif sont tous assujettis à la patente.

Toutefois, l'associé principal paye seul le droit fixe en entier : d'après l'article 19 de la loi de finances du 26 juillet 1860, le même droit sera à partir de 1861, divisé en autant de parts égales qu'il y aura d'associés en nom collectif, et une de ces parts sera imposée à chaque associé secondaire.

D'où il résulte que dans les sociétés composées de deux personnes, il sera dû 1 droit 1/2 ; dans celles de trois, 1 droit 2/3 ; dans celles de quatre, 1 droit 3/4 ; dans celles de dix, 1 droit 9/10 (2).

Le droit proportionnel est établi sur la maison d'habitation de l'associé principal et sur tous les locaux qui servent à la société pour l'exercice de son industrie.

---

(1) Voir pour ces exceptions le n° 19 de l'article 98 de notre Guide.

(2) Tous les associés secondaires, qu'ils résident en France ou à l'étranger, sont imposés dans la commune où l'associé principal est imposé pour le droit fixe entier. (Décision ministérielle du 26 juillet 1845.)

La maison d'habitation de chacun des autres associés est affranchie du droit proportionnel, à moins qu'elle ne serve à l'exercice de l'industrie sociale.

Sociétés anonymes.

83. Les sociétés anonymes ou compagnies ayant pour but une entreprise industrielle ou commerciale sont imposables à un seul droit fixe, sous la désignation de l'objet de l'entreprise, sans préjudice du droit proportionnel.

La patente assignée à ces sociétés ou compagnies ne dispense aucun des sociétaires ou actionnaires du droit de patente auquel ils pourraient être personnellement assujettis pour l'exercice d'une industrie particulière.

L'article 24 de la loi du 18 mai 1850 déclare applicables aux gérants et associés solidaires des sociétés en commandite les dispositions du dernier paragraphe que nous venons de relater.

Colporteurs ou marchands forains.

84. Tout individu transportant des marchandises de commune en commune, lors même qu'il vend pour le compte de marchands ou fabricants, est tenu d'avoir une patente personnelle, qui est, selon les cas, celle de colporter avec balle, avec bête de somme ou avec voiture.

Documents à exhiber en cas de réclamation.

85. Les patentés qui réclameront contre la fixation de leurs taxes seront admis à prouver la justice de leurs réclamations, par la représentation d'actes de société légalement publiés, de journaux et de livres de commerce régulièrement tenus, et par tous autres documents.

Cet article ne donne pas aux agents des contributions directes le droit d'exiger la représentation de ces documents ; mais, d'après la jurisprudence du conseil d'État, tout individu qui, se prétendant indûment imposé ou mal imposé, refuse de faire la justification susindiquée peut être considéré, par cela même, comme mal fondé dans sa réclamation. (Circulaire du 14 août 1844.)

Annualité de l'impôt.

86. La contribution des patentes est due pour l'année entière par tous les individus exerçant au mois de janvier une profession imposable.

Cession d'établissement.

87. En cas de cession d'établissement, la patente sera, sur la demande du cédant, transférée à son successeur.

Décès ou faillite d'un patentable.

88. En cas de fermeture des magasins, boutiques et ateliers, par suite de décès ou de faillite déclarée, les droits ne seront dus que pour le passé et le mois courant. Sur la réclamation des parties intéressées, il sera accordé décharge du surplus de la taxe.

Professions entreprises dans le courant de l'année.

89. Ceux qui entreprennent, après le mois de janvier, une profession sujette à patente, ne doivent la contribution qu'à partir du 1er du mois dans lequel ils ont commencé à exercer (1).

Professions non susceptibles d'être exercées pendant toute l'année.

90. Dans le cas où, par sa nature, une profession ne

---

(1) D'après l'article 13 de la loi du 4 juin 1858, sont imposables, par rôle supplémentaire, à dater du 1er janvier, les individus omis au rôle primitif qui exerçaient avant cette époque une profession sujette à patente, ou qui, antérieurement à la même époque, avaient apporté dans leur profession des changements donnant lieu à des augmentations de droits.

peut être exercée pendant toute l'année, la contribution est due pour l'année entière, quelle que soit l'époque à laquelle la profession a été entreprise.

Cas où il est dû des suppléments de droits.

91. Les patentés qui, dans le cours de l'année, entreprennent une profession d'une classe supérieure à celle qu'ils exerçaient d'abord, ou qui transportent leur établissement dans une commune d'une plus forte population, sont tenus de payer au prorata un supplément de droit fixe.

Il est également dû un supplément de droit proportionnel par les patentables qui prennent des maisons ou locaux d'une valeur locative supérieure à celle des maisons ou locaux pour lesquels ils ont été primitivement imposés, et par ceux qui entreprennent une profession passible d'un droit proportionnel plus élevé.

Les suppléments seront dus à compter du 1er du mois dans lequel les changements prévus par les deux paragraphes précédents auront été opérés.

Formules de patente.

92. Tout patentable doit être muni d'une feuille de patente, titre légal de l'exercice des professions.

Les formules sont expédiées par le directeur des contributions directes (1). Elles sont visées par le maire et revêtues du sceau de la mairie.

Exhibition de la patente.

93. Tout patentable est tenu d'exhiber sa patente lorsqu'il en est requis par les maires, adjoints, juges de paix et tous officiers ou agents de la police judiciaire.

Individus non munis de patente.

94. Les marchandises mises en vente par les individus

____

1) Depuis la loi du 4 juin 1818 elles sont exemptes de timbre.

non munis de patente et vendant hors de leur domicile seront saisies ou séquestrées aux frais du vendeur, à moins qu'il ne donne caution suffisante jusqu'à la représentation de la patente ou la production de la preuve que la patente a été délivrée.

Patentes délivrées par anticipation.

95. Les agents des contributions directes peuvent, sur la demande qui leur en est faite, délivrer des patentes avant l'émission du rôle, après toutefois que les requérants ont acquitté entre les mains du percepteur les douzièmes échus, s'il s'agit d'individus domiciliés dans le ressort de la perception, ou la totalité des droits, s'il s'agit de patentables dont la profession n'est pas exercée à demeure fixe, ou d'individus étrangers au ressort de la perception.

Patente égarée ou oubliée.

96. Le patenté qui a égaré sa patente, ou qui est dans le cas d'en justifier hors de son domicile, peut se faire délivrer un certificat par le directeur ou le contrôleur des contributions directes.

Frais de bourses et chambres de commerce.

97. Les contributions spéciales destinées à subvenir aux dépenses des bourses et chambres de commerce, et dont la perception est autorisée par l'article 11 de la loi du 23 juillet 1820, seront réparties sur les patentables des trois premières classes du tableau A et sur ceux désignés dans les tableaux B et C, comme passibles d'un droit fixe égal ou supérieur à celui desdites classes.

Les associés des établissements compris dans les classes et tableaux susdésignés contribueront aux frais des bourses et chambres de commerce.

Professions exemptées de la patente.

98. Ne sont pas assujettis à la patente :

1° Les fonctionnaires et employés salariés, soit par l'État, soit par les administrations départementales ou communales, en ce qui concerne seulement l'exercice de leurs fonctions ;

2° Les sages-femmes (à moins qu'elles ne prennent des pensionnaires, auquel cas elles seraient imposables comme tenant une maison d'accouchement);

3° Les professeurs de belles-lettres, sciences et arts;

4° Les instituteurs primaires (à moins qu'ils ne soient en même temps maîtres de pension) ;

5° Les éditeurs de feuilles périodiques ;

6° Les artistes dramatiques ;

7° Les laboureurs et cultivateurs, seulement pour la vente et la manipulation des récoltes et fruits provenant des terrains qui leur appartiennent, ou par eux exploités, et pour le bétail qu'ils y élèvent, qu'ils y entretiennent ou qu'ils y engraissent.

(L'exemption n'a pas lieu pour les transformations de récoltes et fruits pratiqués au moyen d'agents chimiques, de machines ou ustensiles autres que ceux qui servent aux travaux habituels de l'agriculture.) (Loi du 18 mai 1850, art. 18.)

8° Les concessionnaires de mines, pour le seul fait de l'extraction et de la vente des matières par eux extraites ;

9° Les propriétaires ou fermiers de marais salants ;

10° Les propriétaires ou locataires, louant accidentellement une partie de leur habitation personnelle ;

11° Les pêcheurs, même lorsque les barques qu'ils montent leur appartiennent ;

12° Les associés en commandite ; les caisses d'épargne et de prévoyance administrées gratuitement ; les assurances mutuelles régulièrement autorisées ;

13° Les capitaines de navires de commerce, ne naviguant pas pour leur compte ;

14° Les cantiniers attachés à l'armée ;

15° Les écrivains publics ;

16° Les commis et toutes les personnes travaillant à gages, à façon et à la journée, dans les maisons, ateliers et boutiques des personnes de leur profession, ainsi que les ouvriers travaillant chez eux ou chez les particuliers, *sans compagnon, apprenti, enseigne ni boutique*. Ne sont pas considérés comme compagnons ou apprentis la femme travaillant avec son mari, ni les enfants non mariés travaillant avec leurs père et mère, ni le simple manœuvre dont le concours est indispensable à l'exercice de la profession (1).

17° D'après l'article 11 de la loi du 4 juin 1858, l'exemption des droits de patente prononcée par la loi du 25 avril 1844 en faveur des ouvriers travaillant chez eux ou chez les particuliers, sans compagnon ou apprenti, sans enseigne ni boutique, est applicable aux ouvriers travaillant dans ces conditions pour leur propre compte et avec des matières à eux appartenant, comme à ceux qui travaillent à la journée ou à façon. (Les §§ 16 et 17 ont été modifiés. V. p. 182.)

18° L'article 13 de la loi de finances du 10 juin 1853 exempte de la patente les fabricants à métiers à façon ayant moins de dix métiers.

Sont exempts de la patente :

19° Les personnes qui vendent en ambulance dans les rues, dans les lieux de passage et dans les marchés, soit des fleurs, de l'amadou, des balais, des statues et figures en plâtre, soit des fruits, des légumes, des poissons, du beurre, des œufs, du fromage et autres menus comestibles.

20° Les savetiers, les chiffonniers au crochet, les porteurs d'eau à la bretelle ou avec voiture à bras, les rémouleurs ambulants, les gardes-malades.

---

(1) Quand il s'agit de professions dans lesquelles le nombre des ouvriers entre comme élément dans l'établissement du droit fixe, la femme qui travaille avec son mari et les enfants non-mariés qui travaillent avec leurs père et mère sont comptés comme les autres ouvriers. (Instruction du 31 juillet 1858.)

Patentables passibles seulement de la moitié des droits.

99. Les patentables des quatre dernières classes du tableau A (5e, 6e, 7e et 8e classes) qui exercent *pour leur compte* des professions consistant en un travail de fabrication, confection ou main-d'œuvre, ne seront imposés qu'à la moitié des droits, lorsqu'ils travailleront *sans compagnon* ni *apprenti*. (Art. 20 de la loi du 18 mai 1850.)

L'article 11 de la loi du 4 juin 1858 a exempté de tous droits de patente la plupart des individus susdésignés. Dans l'état actuel de la législation, il n'y a plus, parmi les ouvriers travaillant seuls pour leur compte, que ceux ayant enseigne ou boutique qui demeurent imposables à la moitié des droits.

Les ouvriers à façon qui, lorsqu'ils travaillent sans compagnon ni apprenti, sans enseigne ni boutique, sont exempts de tous droits, ne sont aussi, dans le cas où, travaillant sans compagnon ni apprenti, ils ont enseigne ou boutique, passibles que de la moitié des droits. (Résumé de l'instruction du 31 juillet 1858.) (Modifié par l'art. 3 de la loi de finances du 2 juillet 1862. Voir page 182 de ce recueil.)

Chômages d'usines.

100. Les usines qui, par manque ou par crue d'eau, sont périodiquement forcées de suspendre leur travail pendant un temps équivalant à quatre mois au moins, ne sont passibles que de la moitié du droit fixe qui leur serait applicable si elles ne chômaient pas.

Il faut conclure de cette disposition :

1° Que le chômage qui résulte de toute autre cause que celle susindiquée ne donne pas lieu à réduction du droit fixe ;

2° Qu'il n'est pas nécessaire que les quatre mois de chômage soient consécutifs pour avoir droit au bénéfice de la loi ; que toutes les fois que la réunion des différents chômages admis par la loi forme un chômage total équivalent ou supérieur à quatre mois, on doit tenir compte de ces chômages, alors même qu'ils n'affecteraient qu'une partie de l'usine.

Exemple :

Soit un moulin à quatre paires de meules, dont trois paires fonctionnent simultanément pendant plus de huit mois, et dont la quatrième paire cesse de tourner périodiquement, par crue ou par manque d'eau, pendant plus de quatre mois, le droit fixe sera établi ainsi qu'il suit :

Pour trois paires de meules ne chômant pas............ 15 fr. » c.
Pour une paire de meules chômant...................... 2 30
                                                        ————
            TOTAL du droit fixe................ 17 fr. 50 c.

Manière de déterminer le nombre des ouvriers ou des métiers employés par un fabricant, lorsque tous les ouvriers ou métiers ne sont pas constamment employés.

101. Lorsqu'il s'agit de déterminer le nombre des ouvriers ou des métiers employés par un fabricant ou exploitant dont le droit fixe est réglé en raison du nombre des ouvriers ou de métiers, on ne doit pas lui appliquer tous les ouvriers ou métiers déclarés en son nom au moment du recensement, mais seulement le nombre moyen d'ouvriers ou de métiers nécessaire pour produire, en les supposant constamment employés, le travail de tous les ouvriers ou métiers successivement employés. C'est-à-dire qu'on doit tenir compte des interruptions de travail, et ne compter que pour un ouvrier ou pour un métier la série d'ouvriers ou de métiers successivement employés, dont le travail collectif ne produit que ce qu'aurait pu produire un seul ouvrier ou un seul métier constamment employé. (Résumé de l'instruction du 31 juillet 1858.)

Ouvriers au-dessous de 16 ans et au-dessus de 65 ans.

102. Les ouvriers au-dessous de 16 ans et au-dessus de 65 ne sont comptés que pour la moitié de leur nombre dans les éléments de cotisation du droit fixe des fabricants ou exploitants qui les occupent. (Art. 10 de la loi du 4 juin 1858.)

TAXE DE PRESTATION POUR L'ENTRETIEN DES CHEMINS VICINAUX.

PRINCIPES GÉNÉRAUX.

Assiette de la taxe.

103. Tout habitant, chef de famille ou d'établissement, à titre de propriétaire, de régisseur, de fermier ou de colon partiaire, *porté au rôle des contributions directes*, pourra être appelé à fournir chaque année une prestation de trois jours :

1° Pour sa personne et pour chaque individu mâle, valide, âgé de 18 ans au moins et de 60 ans au plus, membre ou serviteur de la famille et résidant dans la commune;

2° Pour chacune des charrettes ou voitures *attelées*, et, en outre, pour chacune des bêtes de somme, de trait, de selle au service de la famille ou de l'établissement dans la commune. (Loi du 21 mai 1836.)

(Pour bien faire comprendre le sens un peu vague de ces dispositions, nous allons entrer dans quelques explications qui seront le résumé des instructions et de la jurisprudence combinées.)

Cas où l'habitant est imposable pour sa personne.

104. La prestation est due, pour sa personne, par tout habitant de la commune, qu'il soit célibataire ou marié, et quelle que soit sa profession, si toutefois il est mâle, valide, âgé de 18 ans au moins et de 60 ans au plus, et porté au rôle des contributions directes.

Cas où l'habitant est imposable pour sa personne, pour sa famille ou pour son établissement.

105. L'habitant d'une commune qui, réunissant pour sa personne les conditions indiquées dans le cas précédent, est, en outre, chef de famille ou d'établissement, à titre de propriétaire, de régisseur, de fermier ou de colon partiaire, doit la prestation pour sa personne d'abord, et, en outre, pour chaque individu mâle, valide, âgé de 18 ans au moins et de 60 ans au plus, membre ou serviteur de la famille et résidant dans la commune; il la doit encore pour chaque voiture ou charrette attelée, et pour chaque bête de somme, de trait ou de selle, au service de la famille ou de l'établissement dans la commune.

Cas où un individu, habitant ou non, n'est imposable que pour sa famille ou pour son établissement.

106. L'individu qui ne se trouve pas dans les conditions voulues par la loi pour être imposable à raison de sa personne, mais qui est chef d'une famille habitant dans la commune ou d'un établissement situé dans la commune, est passible de la prestation, bien que sa personne en soit exempte, pour toutes les personnes, voitures et bêtes qui sont atteintes par la loi.

Lieu où est due la prestation.

107. C'est à la qualité *d'habitant* qu'est attachée la taxe de prestation pour la personne. En conséquence, dans le cas de pluralité de résidences alternatives de la part d'un individu, c'est dans la commune où il a son principal établissement, où il réside le plus longtemps, qu'il doit être imposé pour sa personne. On suit du reste à cet égard les mêmes règles que pour la contribution personnelle.

Il résulte toutefois de la jurisprudence du conseil d'État que l'habitant d'une ville qui fait annuellement un séjour de quelques mois sur ses propriétés, à la campagne, doit y être soumis à la prestation pour sa personne, ainsi que pour les membres de sa famille, serviteurs, voitures et bêtes qui feraient dans cette commune le même séjour habituel, à la condition néanmoins qu'il ne serait pas déjà imposé dans l'autre commune pour ces divers éléments. Cette jurisprudence se fonde avec raison sur la considération qu'un propriétaire est intéressé au bon état des chemins vicinaux dans la commune où sont situées ses propriétés.

Établissements situés dans des communes différentes.

108. Dans le cas où un propriétaire, régisseur, fermier, colon partiaire ou exploitant quelconque, possède dans plusieurs communes un établissement agricole ou industriel, il doit être imposé dans chaque commune pour le nombre des hommes, voitures et bêtes qui y séjournent d'une manière permanente; si, au contraire, les hommes, voitures et bêtes passent alternativement d'un établissement dans un autre, il doit être imposé pour tous ses moyens d'exploitation dans la commune où est situé son principal établissement.

Ce qu'il faut entendre par membres de la famille et serviteurs.

109. Il faut entendre : 1° par membres de la famille imposables au nom du chef de famille, non-seulement les fils, mais les frères, beau-frères, neveux et autres parents résidant avec lui;

2° Par serviteurs imposables au nom du chef de l'établissement, non-seulement les *domestiques*, mais tous les individus employés à un titre quelconque au service du maître, et recevant de lui le logement, la nourriture et un salaire permanent annuel (*trimestriel ou mensuel, si toutefois le serviteur est employé toute l'année*).

Les ouvriers, laboureurs ou artisans, qui travaillent à la journée ou à la tâche, ne sont pas compris dans la catégorie des serviteurs imposables pour le compte du chef de l'établissement.

Serviteurs ayant pour leur famille une habitation indépendante de celle du maître.

110. Les serviteurs qui reçoivent un salaire permanent et annuel, et qui sont logés et nourris chez leur maître, doivent toujours être imposés pour le compte de ce dernier, en ce qui concerne la prestation afférente à leur personne. Il doit en être ainsi, lors même qu'ils auraient dans la commune une habitation particulière pour leur famille, sauf à les assujettir nominativement à la prestation, non pour leur personne, puisqu'elle est déjà imposée au compte du maître qui les emploie, mais, s'il y a lieu, pour les membres de leur famille, ainsi que pour les voitures et bêtes employées au service de leur famille.

Condition nécessaire pour que les voitures et charrettes soient imposables.

111. La loi n'impose les voitures et charrettes que si elles sont *attelées*. On doit entendre par cette expression celles qui sont réellement et effectivement employées au service de la famille ou de l'établissement. Celles qui ne seraient jamais ou presque jamais employées, qui ne seraient enfin qu'un meuble mis en réserve, ne peuvent être imposées. Ainsi, le propriétaire d'une voiture, qui n'a pas de bête d'attelage, n'est pas imposable pour cette voiture, lors même qu'il y attellerait des chevaux de louage.

De même, un individu qui possède plusieurs voitures ou charrettes n'est imposable que pour le nombre de voitures ou charrettes qu'il peut atteler simultanément, en utilisant, selon les usages du pays, toutes ses bêtes de trait.

Condition pour que les bêtes de somme, de trait ou de selle soient imposables.

112. Pour que les bêtes de somme, de trait ou de selle

soient imposables, il faut qu'elles soient effectivement employées, soit au service du possesseur, soit à celui de sa famille ou de son établissement.

On ne doit, par conséquent, pas imposer ceux de ces animaux qui ne sont qu'un objet de commerce, ou qui ne sont destinés qu'à la consommation ou à la production. Il en est de même de ceux qui sont trop jeunes pour être encore employés ou hors d'état de servir par suite de vieillesse. Toutefois, afin que les contribuables ne donnent pas à cette dernière distinction plus d'élasticité qu'elle n'en comporte, nous croyons devoir ajouter que, la loi n'établissant aucune limite d'âge pour les animaux, ils sont imposables à tout âge, dès lors qu'ils commencent à être employés ou qu'ils n'ont pas tout à fait cessé de l'être.

EXEMPTIONS.

Exemption fondée sur la limite d'âge.

113. L'exemption de taxe accordée par la loi pour la personne de tout individu âgé de moins de 18 ans et de plus de 60 est applicable, quand il y a lieu, au chef de famille ou d'établissement, non-seulement pour sa personne, mais encore pour chacun des membres de sa famille ou de ses serviteurs qui se trouvent en dehors des limites d'âge.

Exemption fondée sur l'invalidité.

114. L'invalidité est une cause d'exemption; mais il ne suffit pas, pour jouir du bénéfice de la loi, d'avoir seulement une santé délicate, ou une infirmité quelconque. Il faut que l'état habituel de santé ou l'infirmité rende l'individu ainsi affecté incapable, par exemple, de faire en nature sa prestation. (Jurisprudence du conseil d'État.)

Maîtres de poste.

115. Les maîtres de poste ne sont pas imposables pour les postillons *titulaires* et pour les chevaux compris dans le service des relais.

Mais les entrepreneurs de voitures publiques, de relais et de roulage, les loueurs de chevaux et de voitures sont imposables pour les serviteurs, chevaux et voitures qu'ils emploient.)

Chevaux et voitures des fonctionnaires.

116. Le fonctionnaire qui, par la nature de son service, soit civil ou militaire, est tenu d'entretenir un cheval, n'est pas imposable à la prestation pour ce cheval, ni pour la voiture à laquelle il l'attelle.

Individus compris dans les tableaux de l'armée, quoique n'étant pas sous les drapeaux.

117. Les jeunes gens qui ont été désignés par le sort pour faire partie de l'armée, mais qu'on laisse momentanément dans leurs foyers, ne sont imposables à la prestation pour leur personne, ni nominativement, ni au nom de leurs parents ou des individus chez lesquels ils sont employés. Il en est de même à l'égard des militaires renvoyés dans leurs foyers en congé illimité; ils ne deviennent imposables que lorsque leur congé est définitif, si du reste ils remplissent les autres conditions voulues par la loi.

Faculté accordée aux prestataires de se libérer en nature ou en argent.

118. D'après l'article 4 de la loi du 21 mai 1836, la prestation est appréciée en argent, conformément à la valeur attribuée annuellement pour la commune à chaque espèce de journée, par le conseil général, sur la proposition du conseil d'arrondissement; et chaque contribuable peut, à son gré, se libérer en nature ou en argent, en faisant sa déclaration d'option au maire de sa commune.

Les contribuables ont la faculté d'acquitter certaines prestations en nature et telles autres en argent. Ils peuvent acquitter en argent les journées d'homme, par exemple, et en nature celles des chevaux et voitures, ou réciproquement. (Décision ministérielle du 14 novembre 1836.)

Délai pour la déclaration.

119. La déclaration d'option doit être faite dans le délai d'un mois, à partir du jour de la publication du rôle, laquelle a lieu habituellement en octobre. Faute par le contribuable de faire sa déclaration dans le délai prescrit, il sera tenu de se libérer en argent.

Annualité de l'impôt.

120. La prestation est due pour l'année entière pour tous les contribuables qui sont légalement taxés au 1er janvier.

Par suite de ce principe, la prestation d'un contribuable qui vient à décéder dans le courant de l'année est due par les héritiers. (Jurisprudence du conseil d'État.)

Changement de résidence.

121. Le contribuable qui a quitté avant le 1er janvier une commune dans laquelle il était imposé à la taxe de prestation, doit être, sur réclamation régulière de sa part, dégrévé de la taxe, lors même qu'il ne serait pas imposé ailleurs.

TAXE MUNICIPALE SUR LES CHIENS.

(Extrait de la loi du 2 mai 1855.)

122. A partir du 1er janvier 1856, il sera établi, dans toutes les communes, et à leur profit, une taxe sur les chiens.

Cette taxe ne pourra excéder 10 francs, ni être inférieure à 1 franc.

Des décrets rendus en conseil d'État, régleront, sur la proposition des conseils municipaux, et après avis des conseils généraux, les tarifs à appliquer dans chaque commune.

mode d'assiette de la taxe.

123. Il est établi dans chaque commune deux taxes de quotité différente. La plus élevée porte sur les chiens d'agrément ou servant à la chasse. La moins élevée porte sur les chiens de garde, comprenant ceux qui servent à guider les aveugles, à garder les troupeaux, les habitations, magasins, ateliers, etc., et en général tous ceux qui ne sont pas compris dans la catégorie des chiens d'agrément ou servant à la chasse.

Les chiens qui peuvent être classés dans la première ou dans la deuxième catégorie sont rangés dans la catégorie donnant lieu à la taxe la plus élevée. (Décret du 4 août 1855, art. 1er.)

Caractères qui distinguent les chiens de la première et de la deuxième catégories.

124. Les dispositions de l'article ci-dessus sont souvent l'objet d'interprétations diverses, tant de la part des contribuables que de celle des agents qui concourent à l'assiette de l'impôt et des agents qui sont chargés d'instruire les réclamations. Nous allons, à ce sujet, entrer dans quelques explications qui, nous osons l'espérer, feront disparaître toute incertitude dans la plupart des cas.

Et d'abord, nous ferons remarquer que ce n'est pas la nature ou la race du chien qui doit servir de base pour déterminer sa classification dans la 1re ou dans la 2e catégorie, mais seulement l'usage auquel il est destiné. Ainsi, un chien doit être compris dans la 1re catégorie, dès lors qu'on s'en sert pour chasser, n'aurait-il physiquement aucun des caractères auxquels on reconnaît d'ordinaire un chien de chasse. Réciproquement, on doit admettre dans la 2e catégorie tout chien qui, nonobstant sa nature de chien de chasse, serait destiné exclusivement à la garde. Cette distinction du chien, servant ou ne servant pas à chasser, ne saurait présenter d'équivoque, puisqu'il s'agit d'une question de fait toujours facile à constater.

Quant à la distinction entre le chien d'agrément et le chien de garde, il serait impossible d'en spécifier tous les caractères, tant ils peuvent varier selon les circonstances. Nous nous bornerons à résumer les principaux de ces caractères, et notamment ceux qui ont été consacrés par la jurisprudence.

On doit considérer comme chien d'agrément tout chien dont l'*inutilité* est évidente. Dans cette catégorie, sont les chiens appartenant à des individus qui, par la nature de leur profession ou de leur commerce, par leurs habitudes sédentaires, par la situation de leur habitation dans un centre populeux, etc., n'ont pas de motif sérieux pour avoir un chien de garde, et dont les chiens n'ont, par conséquent, d'autre *utilité* que celle de servir à leur agrément personnel ou à celui de leur famille.

Le conseil d'État a consacré par divers arrêts qu'il y a lieu de classer dans la 1re catégorie, lors même qu'il servirait aussi à la garde :

1° Le chien qui vague en liberté dans les rues ;

2° Celui qui accompagne son maître dans ses promenades ;

3° Celui qui est admis au foyer, qui circule librement dans l'intérieur des appartements ;

4° Celui qu'on laisse jouer avec les enfants ;

5° Celui qui est dressé pour chercher des truffes.

Le chien que son état de vieillesse ou d'infirmité rend inutile, et qui est constamment renfermé dans l'intérieur des appartements, est également rangé par le conseil d'État dans la 1re catégorie.

La jurisprudence classe dans la 2e catégorie :

1° Le chien qui accompagne son maître à l'extérieur pour les besoins de son commerce et la défense de sa personne. (Tel est le chien d'un marchand forain) ;

2° Celui qui est destiné à la garde exclusive de l'écurie d'un loueur de chevaux ;

3° Celui qui, quelle que soit son espèce, est destiné à garder des magasins ;

4° Celui qui, sans autre destination, sert à la garde d'une brasserie, d'un étal de boucher, etc. ;

5° Celui qui sert à la garde exclusive d'une ferme, d'une habitation isolée, d'une habitation composée de plusieurs corps de bâtiments séparés les uns des autres par une grande cour, lors même qu'il ne serait pas tenu à l'attache ;

6° Et en général celui qui n'a pas d'autre destination que celle de garder.

Chiens possédés au 1er janvier.

125. La taxe est due pour les chiens possédés au 1er janvier, à l'exception de ceux qui, à cette époque, sont encore nourris par la mère. (Décret du 4 août 1855, art. 2.)

Il résulte implicitement de cette disposition que les chiens dont on ne devient possesseur qu'après le 1er janvier peuvent ne pas être déclarés, lors même qu'on les posséderait avant le 16 janvier, époque à laquelle expire le délai pour les déclarations.

Annualité de l'impôt,

126. La taxe est due pour l'année entière, (Suite de l'art. 2 du décret du 4 août 1855.)

En conséquence, les individus légalement taxés pour le nombre des chiens qu'ils possédaient au 1er janvier doivent la taxe pour l'année entière, bien que ce nombre, par une cause quelconque, puisse être réduit dans le courant de l'année, serait-ce même du 1er au 15 janvier.

Décès d'un contribuable.

127. Lorsqu'un contribuable décède dans le courant de l'année, ses héritiers sont redevables de la taxe ou de la portion de taxe non encore acquittée. (Art. 2 du décret précité.)

Déménagement d'un contribuable hors du ressort de la perception.

128. En cas de déménagement du contribuable hors du ressort de la perception, la taxe est immédiatement exigible pour la totalité de l'année courante. (Art. 4 du décret précité.)

Déclaration à faire par les possesseurs de chiens.

129. Du 1er octobre de chaque année au 15 janvier de l'année suivante, les possesseurs de chiens devront faire à la mairie une déclaration indiquant le nombre de leurs chiens et les usages auxquels ils sont destinés, en se conformant aux dispositions établies en l'art. 1er du présent décret.

Ceux qui auront fait cette déclaration avant le 1er janvier doivent la rectifier, s'il est survenu quelque changement dans le nombre et la destination de leurs chiens. (Art. 5 du décret précité.) (1).

_____

(1) D'après un décret du 3 août 1861, les possesseurs de chiens qui, dans les délais fixés par l'article 5 du décret du 4 août 1855, auron fait à la mairie une déclaration indiquant le nombre de leurs chiens et les usages auxquels ils sont destinés, en se conformant aux distinctions

L'auteur du Répertoire administratif des communes, dans la discussion qu'il a faite des dispositions du deuxième paragraphe de l'article précédent, en a donné une interprétation erronée qu'il nous paraît utile de combattre, attendu qu'elle est généralement accréditée.

Il prétend que tout possesseur de chiens, qui a fait sa déclaration avant le 1er janvier, et qui a modifié, *même postérieurement au 1er janvier*, le nombre ou la destination de ses chiens, a le droit, jusqu'au 15, de rectifier sa déclaration. Il se fonde sur ce que le contribuable aurait pu ne faire sa déclaration que le 15 janvier, et alors ne déclarer ses chiens que d'après leur nombre ou leur destination au moment de cette déclaration ; que, parce qu'il l'a faite avant, il ne faut pas lui faire, à lui qui s'est empressé de remplir son devoir, une situation plus désavantageuse qu'à celui qui attend jusqu'au dernier moment.

Ce raisonnement est vicieux, parce qu'il s'appuie sur un point de départ complétement faux. En effet, le possesseur de chiens, qui ne fait sa déclaration que postérieurement au 1er janvier, ne doit pas déclarer ses chiens d'après leur nombre ou leur destination au moment de la déclaration, mais d'après leur nombre ou leur destination à l'époque du 1er janvier, car il y a un principe qui devrait exclure toute fausse interprétation à ce sujet, c'est que l'article 2 du décret du 4 août 1855 frappe de la taxe tous les chiens possédés au 1er janvier, à l'exception de ceux qui, à cette époque, sont encore nourris par la mère.

Par conséquent, pour en revenir au deuxième paragraphe

établies par l'article 1er du même décret, ne seront plus tenus de la renouveler annuellement. En conséquence, la taxe à laquelle ils ont été soumis continuera à être payée jusqu'à déclaration contraire.

Le changement de résidence du contribuable hors de la commune ou du ressort de la perception, ainsi que toute modification dans le nombre et la destination des chiens entraînant une aggravation de taxe, rendra une nouvelle déclaration obligatoire de l'article 5 du décret précité, le sens qu'il faut attribuer à ses dispositions est celui-ci :

Le possesseur de chiens, qui a fait sa déclaration avant le 1er janvier, et qui a modifié le nombre ou la destination de ses chiens postérieurement à sa déclaration, mais avant et non après le 1er janvier, peut, jusqu'au 15, rectifier sa déclaration.

Enregistrement des déclarations.

130. Les déclarations sont inscrites sur un registre spécial. Il en est donné reçu aux déclarants; les *récépissés font* mention des nom et prénoms du déclarant, de la date de la déclaration, du nombre et de l'usage des chiens déclarés. (Art. 6 du décret précité.)

Utilité de conserver les récépissés.

131. Les contribuables ont intérêt à retirer et à conserver les récépissés, dans la prévision d'erreurs à leur préjudice, attendu qu'il peut être utile et même indispensable de les produire, comme pièces justificatives, à l'appui des réclamations qu'ils peuvent avoir à faire.

Des infractions au règlement au sujet des déclarations (1).

132. L'individu qui, possédant un ou plusieurs chiens, n'a pas fait de déclaration est passible d'une taxe *triple* pour chaque chien.

Celui qui a fait une déclaration incomplète ou inexacte, est passible d'une taxe *double* pour chaque chien non déclaré ou porté avec une fausse désignation. (Art. 10 du décret précité.)

Cas d'infraction avec récidive.

133. Lorsqu'un contribuable aura été soumis à un accroissement de taxe et que, pour l'année suivante, il ne fera

____

(1) La déclaration n'est plus obligatoire chaque année. (Voir la note de l'art. 129.)

pas la déclaration exigée, la taxe sera *quadruplée*; s'il fait de nouveau une déclaration incomplète ou inexacte, la taxe sera *triplée*. (Suite de l'art. 10.)

Rôle supplémentaire.

134. Lorsque les faits pouvant donner lieu à des accroissements de taxe n'ont pas été constatés en temps utile pour entrer dans la formation du rôle primitif, il est dressé, dans le cours de l'année, un rôle supplémentaire, conformément aux dispositions du présent règlement. (Décret du 4 août 1855, art. 11.)

Commune où la taxe est due.

135. Il peut arriver : 1° que des chasseurs fassent gîter des chiens dans une commune autre que celle de leur domicile, ou même dans plusieurs communes à la fois ; — 2° que des bergers ou vachers, ayant leur habitation dans une commune, aillent garder des troupeaux dans une commune voisine où ils font gîter leurs chiens ; — 3° que des bergers ou vachers, habitants d'une commune, aillent garder des troupeaux dans une commune voisine et ramènent tous les soirs leurs chiens dans la commune qu'ils habitent.

On se demande quelle est, pour chacun de ces cas, la commune dans laquelle la déclaration doit être faite et la taxe établie.

Ni la loi du 2 mai 1855, ni le décret du 4 août suivant, ne font positivement mention du lieu où la déclaration doit être faite, mais cela semble résulter de l'état des choses et de l'esprit de la loi et du décret. Évidemment, c'est dans la commune où les chiens ont leur gîte habituel qu'ils doivent être déclarés, car c'est là seulement qu'on peut constater l'exactitude des déclarations.

Dans le cas où un possesseur de chiens ferait gîter ses chiens alternativement dans plusieurs communes, la déclaration devrait avoir lieu dans la commune où se trouveraient les chiens à l'époque du 1er janvier.

TAXE DES DROITS DE VÉRIFICATION DES POIDS ET MESURES.

PRINCIPES GÉNÉRAUX.

Usage obligatoire du système métrique décimal.

136. En vertu de la loi du 4 juillet 1837, l'usage des poids et mesures qui résultent du système métrique décimal a été rendu obligatoire, à dater du 1ᵉʳ janvier 1840, dans les magasins, boutiques, ateliers ou maisons de commerce, ou dans les halles, foires ou marchés, sous les peines prononcées par l'article 479 du Code pénal.

Pour assurer l'exécution de la loi précitée, est intervenue une ordonnance royale, en date du 17 avril 1839, qui, concurremment avec les dispositions combinées des ordonnances des 18 décembre 1825, 21 décembre 1832 et 18 mai 1838, règle le service général de la vérification des poids et mesures et le mode d'assiette des droits de vérification.

Droits de vérification.

137. Les droits de vérification, ainsi qualifiés parce que la taxe à laquelle ils donnent lieu n'est, en effet, instituée que pour faire face aux frais de ce service, sont établis suivant un tarif général dont les intéressés peuvent prendre connaissance sur la feuille de tête du rôle du percepteur.

Par qui sont dus les droits.

138. Les droits de vérification sont dus par tous les individus ayant des poids ou mesures dans leurs magasins, boutiques, ateliers ou maisons de commerce, ou dans les halles, foires ou marchés, et, en général, par tous les individus se servant de poids ou de mesures pour l'exercice d'une profession quelconque.

Tableau des professions assujetties à la vérification.

139. Dans chaque département, il est dressé par le préfet un tableau des professions qui doivent être assujetties à la vérification. Ce tableau indique le *minimum* de l'assortiment des poids et mesures et des instruments de pesage dont chaque profession est tenue de se pourvoir (1).

Les professions qui ne sont pas nominativement désignées dans le tableau précité ne sont pas soumises aux droits de vérification.

Mode d'établissement des droits.

140. Pour déterminer les droits dus pour chaque assujetti, on multiplie chaque poids, mesure et instrument de pesage, dont il est tenu d'être muni, par la quotité de la taxe fixée, pour chacun de ces objets, dans le tarif général. La réunion de ces diverses taxes forme le montant des droits.

De la vérification primitive.

141. Les poids et mesures nouvellement fabriqués ou rajustés doivent être présentés au bureau du vérificateur, vérifiés et poinçonnés, avant d'être livrés au commerce. Cette vérification est faite gratuitement. (Art. 46 de l'ordonnance du 17 avril 1839.)

---

(1) Ce tableau est au Recueil des actes administratifs qui existe dans toutes les mairies.

De la vérification périodique.

142. Indépendamment de la vérification primitive, il se fait une vérification périodique tous les ans dans le chef-lieu de l'arrondissement et dans les communes désignées par le préfet, et tous les deux ans dans les autres communes. (Art. 13 et 18 de l'ordonnance précitée.)

(Il résulte de cette disposition que la taxe est due tous les ans dans les premières communes et tous les deux ans dans les autres.)

Les fabricants et marchands de poids et mesures ne sont assujettis à la vérification périodique que pour ceux dont ils font usage dans leur commerce. (Art. 14 de l'ordonnance précitée.)

Assujettis se livrant à plusieurs genres de commerce.

143. L'assujetti qui se livre à plusieurs genres de commerce doit être pourvu de l'assortiment de poids et mesures fixé pour chacun d'eux, à moins que l'assortiment exigé pour l'une des branches de son commerce ne se trouve déjà compris dans l'une des autres branches des industries qu'il exerce. (Art. 16 de l'ordonnance précitée.)

Assujettis ayant des établissements distincts.

144. L'assujetti qui, dans une même ville, ouvre plusieurs magasins, boutiques ou ateliers distincts et placés dans des maisons différentes et non contiguës, doit pourvoir chacun de ces magasins, boutiques ou ateliers de l'assortiment exigé pour la profession qu'il exerce. (Art. 17 de l'ordonnance précitée.)

Individus non assujettis à la vérification.

145. Les poids et mesures et instruments de pesage présentés volontairement à la vérification par des individus non assujettis sont vérifiés gratuitement. (Art. 48 de l'ordonnance précitée.)

Poids et mesures qui sont soumis aux droits.

146. Les droits de vérification périodique sont payés pour les poids et mesures formant l'assortiment obligatoire de chaque assujetti et pour les instruments de pesage sujets à la vérification. (Art. 49 de l'ordonnance précitée.)

Poids et mesures excédant l'assortiment obligatoire.

147. Les poids et mesures excédant l'assortiment obliga-toire sont vérifiés et poinçonnés gratuitement. (Art. 49, § 2.)

Réduction d'un dixième.

148. Une ordonnance royale du 28 décembre 1832 a prescrit de réduire d'un dixième la rétribution dans les com-munes où la vérification a lieu tous les ans.

RECOUVREMENT DES CONTRIBUTIONS ET DES TAXES.
PRIVILÉGES ET RECOURS.

PRINCIPES GÉNÉRAUX.

Mode de recouvrement.

149. Les contributions directes et les taxes assimilées sont recouvrées au moyen de rôles nominatifs rendus exécutoires par le préfet, et dont la publication est faite dans chaque commune par le maire.

Les contributions foncière, personnelle et mobilière et des portes et fenêtres, ainsi que la taxe de prestation, sont payables en douze portions égales, dont chacune est exigible le 1er de chaque mois, pour le mois précédent. (Règlement du 21 décembre 1839, art. 1er.)

La contribution des patentes est payable, par portions égales, en autant de termes qu'il reste de mois à courir après la publication des rôles. (Art. 24 de la loi du 25 avril 1844.)

Il en est de même concernant la taxe sur les chiens. (Art. 9 du décret du 4 août 1855.)

Quant à la taxe des poids et mesures, le montant intégral des rétributions est exigible dans la quinzaine de la publication du rôle. (Ordonnance royale du 17 avril 1839, art. 52.)

Contribuables en réclamation.

150. Les contribuables qui ont formé une demande en décharge ou en réduction de cote ne peuvent, sous prétexte de réclamation, différer le payement des termes qui viennent à échoir pendant les trois mois qui suivent la remise de leurs demandes, et dans lesquels elle doit être jugée définitivement. (Loi du 21 avril 1832, art. 28.)

Nota. Dans le cas où il ne serait pas statué définitivement sur la demande d'un contribuable, dans les trois mois qui suivent sa remise, ce dernier n'en serait pas moins tenu de payer les termes qui viendraient à échoir pendant le laps de temps, quel qu'il fût, qui s'écoulerait entre la remise de la demande et son jugement définitif. Cela résulte évidemment de l'esprit de l'article ci-dessus relaté.

Patentables n'exerçant pas leur profession à demeure fixe.

151. Les patentables dont la profession n'est pas exercée à demeure fixe sont tenus de payer le total des droits au moment où la patente leur est délivrée, à moins qu'ils ne soient domiciliés dans le ressort de la perception, auquel cas ils ne sont tenus de payer que les douzièmes échus. (Art. 24 et 30 de la loi du 25 avril 1844.)

Cas de déménagement hors du ressort de la perception ou de vente volontaire ou forcée.

152. En cas de déménagement d'un contribuable hors du ressort de la perception, comme en cas de vente volontaire ou forcée, sont immédiatement exigibles, pour la totalité de l'année courante, savoir :

1° La contribution des patentes (art. 25 de la loi du 25 avril 1844) ;

2° La contribution personnelle et mobilière (art. 22 de la loi du 21 avril 1832) ;

3° La taxe sur les chiens (art. 4 du décret du 4 août 1855) ;

4° La taxe de la prestation, attendu que le recouvrement de cette taxe a lieu comme en matière de contributions directes. (Instruction ministérielle du 24 juin 1836.)

Responsabilité des propriétaires et principaux locataires, en matière de contribution personnelle et mobilière.

153. Les propriétaires et, à leur place, les principaux locataires doivent, un mois avant l'époque du déménagement de leurs locataires, se faire représenter par ces derniers les quittances de leur contribution personnelle et mobilière.

Lorsque les locataires ne représentent point ces quittances, les propriétaires ou principaux locataires sont tenus, sous leur responsabilité personnelle, de donner, dans les trois jours, avis du déménagement au percepteur.

Dans le cas de déménagement furtif, les propriétaires et, à leur place, les principaux locataires, deviennent responsables des termes échus de la contribution de leurs locataires, s'ils n'ont pas fait constater dans les trois jours ce déménagement furtif par le maire de la commune, le juge de paix ou le commissaire de police.

La remise au percepteur d'une expédition du procès-verbal de déménagement furtif, dressé dans le délai voulu, dispense le propriétaire ou principal locataire de toute garantie, si la remise est prouvée par une reconnaissance du percepteur.

Si le percepteur refuse de recevoir la déclaration faite à l'époque prescrite et d'en délivrer une reconnaissance, elle peut lui être notifiée par le ministère d'huissier, et, dans ce cas, les frais de l'acte sont à la charge du percepteur.

Dans tous les cas, et nonobstant toute déclaration de leur part, les propriétaires ou principaux locataires demeurent responsables de la contribution personnelle et mobilière des personnes logées par eux en garni.
(Art. 22 et 23 de la loi du 21 avril 1832, et art. 15 et 16 du règlement du 21 décembre 1839.)

Responsabilité des propriétaires ou principaux locataires en matière d'impôt des patentes.

154. En matière d'impôt des patentes, les propriétaires et, à leur place, les principaux locataires qui n'auraient pas, un mois avant le terme fixé par le bail ou par les conventions verbales, donné avis au percepteur du déménagement de leurs locataires, sont responsables des sommes dues par ces derniers.

Dans le cas de déménagement furtif, ils deviennent responsables des termes échus de la contribution de leurs locataires, s'ils n'ont pas, dans les trois jours, donné avis du déménagement au percepteur.

La part de la contribution laissée à la charge des propriétaires ou principaux locataires par les paragraphes précédents comprend seulement le dernier douzième et le douzième courant dus par le patentable. (Art. 25 de la loi du 25 avril 1844.)

Priviléges sur les récoltes et les meubles.

155. Le privilége du trésor s'exerce :

1° Pour la contribution foncière, sur les récoltes, fruits, loyers et revenus des biens immeubles sujets à la contribution ;

2° Pour les autres contributions directes (ou taxes assimilées), sur les immeubles et effets mobiliers appartenant aux redevables, en quelque lieu qu'ils se trouvent. (Loi du 12 novembre 1808, art. 1er.)

Les droits et priviléges attribués au Trésor pour le recouvrement des contributions directes s'étendent au recouvrement des frais de poursuites dont l'État a été rendu exécutoire par le sous-préfet. (Art. 17 et 103 du règlement du 21 décembre 1839.)

Expropriation forcée.

156. Le percepteur a droit de poursuivre, au nom du Trésor, mais avec autorisation préalable du ministre des finances, l'expropriation forcée de l'immeuble affecté de la contribution, lorsque la nature ou la situation détériorée de cet immeuble ne lui permet pas d'exercer son privilége sur les récoltes, fruits, loyers et revenus, ou lorsque ces ressources sont insuffisantes et que le redevable n'en présente point d'autres. (Règlement du 21 décembre 1839, art. 12.)

Recours contre les fermiers et locataires en matière de contribution foncière.

157. Tous fermiers et locataires sont tenus de payer, à l'acquit des propriétaires et usufruitiers, la contribution foncière des biens qu'ils tiennent à ferme ou à loyer, et peuvent être poursuivis comme les propriétaires eux-mêmes.

Les propriétaires ou usufruitiers sont tenus de recevoir les quittances du montant de ces contributions sur le prix des fermages et loyers, à moins que les fermiers ou locataires n'en soient chargés par leur bail. (Art. 147 de la loi du 3 frimaire an VII.)

Recours pour la contribution des portes et fenêtres.

158. Nous avons déjà relaté (52) que la contribution des portes et fenêtres est recouvrable contre les locataires jusqu'à concurrence de la taxe afférente aux locaux par eux occupés. Nous ajouterons seulement qu'ils peuvent être contraints par saisie et vente de leur mobilier. (Résumé des art. 12 et 14 de la loi du 4 frimaire an VII.)

Recours contre les dépositaires de deniers.

159. Tous receveurs, agents, économes, notaires, commissaires-priseurs et autres dépositaires de deniers provenant du chef des redevables et affectés au privilége du Trésor, sont tenus, sur la demande qui leur en est faite par le percepteur, de payer à l'acquit des contribuables, sur le montant et jusqu'à concurrence des fonds qu'ils doivent ou qui sont entre leurs mains, les contributions dues par ces derniers. (Art. 2 de la loi du 12 novembre 1808.)

Recours contre les héritiers ou légataires.

160. Les héritiers ou légataires peuvent être poursuivis solidairement et un pour tous, à raison des contributions de ceux dont ils ont hérité et auxquels ils ont succédé, tant que la mutation n'a pas été opérée sur le rôle. (Règlement du 21 décembre 1839, art. 4.)

La contribution personnelle et mobilière étant due pour l'année entière, lorsqu'un contribuable vient à décéder dans le courant de l'année, les héritiers sont tenus d'acquitter le montant de sa cote. (Art. 21 de la loi du 21 avril 1832.)

Il en est de même en ce qui concerne la taxe sur les chiens. (Décret du 4 août 1855, art. 3.)

Poursuites.

161. Il semblerait naturel qu'après avoir traité du mode de recouvrement des impôts, nous disions quelques mots sur les poursuites. Tel était, en effet, primitivement notre projet; mais, en y réfléchissant, nous avons reconnu qu'il serait impossible de traiter convenablement cette question sans entrer dans des développements considérables et qui, au résumé, ne seraient utiles qu'à un très-petit nombre de nos lecteurs, car il est à remarquer que les contribuables acquittent généralement leurs contributions avec une telle exactitude qu'ils n'ont pas à se préoccuper de la législation sur les poursuites.

Du reste, bien que cette législation soit uniforme pour toute la France, elle est l'objet, dans chaque département, d'une réglementation particulière, et nous ne pouvons mieux faire que d'engager ceux de nos lecteurs qui auraient besoin de s'initier au mode de poursuites, à recourir au règlement arrêté par le préfet de leur département, lequel règlement fait partie, dans chaque mairie, de la collection du Recueil des actes administratifs de la préfecture.

DES ROLES DE CONTRIBUTIONS.

Ce qu'on entend par rôle.

162. On entend par rôle, en matière de contributions directes, le document dans lequel sont relatées, au nom de chaque contribuable de la commune, les cotisations dont il est passible, ainsi que les bases sur lesquelles ces cotisations sont établies, et qui, après avoir été rendu exécutoire par le préfet, sert de titre au percepteur pour le recouvrement de la contribution ou des contributions que ce rôle concerne.

Distinction des rôles par natures de contributions.

163. Les contributions foncière, personnelle et mobilière et des portes et fenêtres ne forment, dans chaque commune, qu'un seul et même rôle, qu'on appelle rôle général.

La contribution des patentes et chacune des taxes assimilées sont l'objet d'un rôle spécial.

Toutefois, dans les grandes villes et dans les villes où les autorités locales en ont fait la demande, on comprend dans un rôle collectif les contributions personnelle et mobilière et des patentes.

Époques de la publication des rôles.

164. La publication du rôle général et du rôle primitif des patentes a généralement lieu dans la première quinzaine de janvier, excepté dans les villes où la contribution personnelle et mobilière est réunie à celle des patentes, et où le recensement des imposables n'étant fait qu'à la fin de l'année, il est impossible d'émettre ce rôle particulier avant le mois de février.

Le rôle de prestation est publié au mois d'octobre ou au mois de novembre au plus tard, afin que les prestataires qui désirent s'acquitter en nature puissent faire la déclaration prescrite avant le mois de janvier de l'année pour laquelle le rôle est émis.

Le rôle concernant la taxe des chiens est publié dans le courant du mois de mars.

Quant à la publication du rôle des poids et mesures, elle n'a pas d'époque déterminée. Elle est subordonnée, dans chaque commune, à l'ordre dans lequel le préfet a prescrit la révision annuelle ou bisannuelle que le vérificateur est tenu de faire successivement du mois de janvier au mois d'août suivant.

Distribution des avertissements.

165. Aussitôt après la publication d'un rôle, il est remis, par les soins du percepteur, à tous les individus qui y sont inscrits et pour chacun des articles ouverts en leur nom, une feuille d'avertissement renfermant les renseignements dont nous donnons ci-dessous le détail.

Renseignements relatés dans les feuilles d'avertissement.

165 *bis*. Les feuilles d'avertissement relatent, par nature de contribution, le montant de la cotisation du contribuable, les bases qui ont servi à l'établir, la quotité d'impôt exigible à l'expiration de chaque mois, la part de contribution revenant à l'État, au département et à la commune, le centime le franc des contributions, la date de la publication des rôles, et enfin divers autres renseignements, ceux notamment qu'il est utile de connaître en cas de réclamation.

Ces indications, qui sont prescrites par les lois et qui témoignent de la sollicitude du législateur à éclairer les contribuables sur leurs droits et à les mettre à même de les faire valoir, paraissent ne pas remplir complétement leur but. Peu de contribuables, en effet, comprennent leurs feuilles d'avertissement. Ils se préoccupent avant tout du chiffre total de leurs cotisations, et lorsqu'ils y remarquent une augmentation, ils sont disposés à se récrier, plutôt parce qu'ils en ignorent souvent le motif, qu'à cause de l'augmentation elle-même. La deuxième partie de notre guide sera consacrée à dissiper pour les contribuables toute obscurité à cet égard.

DEUXIÈME PARTIE

(OU PARTIE PRATIQUE).

Explication des feuilles d'avertissement ou moyen de reconnaître si l'on est bien ou mal imposé.

Examen sommaire des bases de cotisations en général.

166. Le premier soin des contribuables, quand ils reçoivent leurs feuilles d'avertissement, doit être d'examiner les bases de cotisations qui y sont indiquées et de les comparer à celles de l'année antérieure.

Ces bases de cotisations sont :

1° Pour la contribution foncière, le *revenu cadastral*, lequel est relaté dans les feuilles d'avertissement, après ces mots : *pour un revenu de* »;

2° Pour la contribution mobilière, le *loyer d'habitation* (56);

3° Pour celle des portes et fenêtres, le *nombre et la catégorie* des portes et fenêtres;

4° Pour celle des patentes, 1° la *désignation des professions et l'indication des classes ou tableaux*, 2° la *valeur locative réelle* de l'habitation et des établissements dans lesquels les professions sont exercées;

5° Pour la taxe de prestation, le *nombre* des hommes, bêtes de toute nature, voitures ou charrettes, ainsi que le *nombre des journées* exigées par homme, bête, voiture ou charrette ;

6° Pour la taxe des chiens, le *nombre* et la *catégorie* des chiens ;

7° Quant à la taxe des poids et mesures, il n'est pas délivré de feuilles d'avertissement, mais les assujettis peuvent examiner, sur le rôle du percepteur, si l'*assortiment de poids et mesures* qui sert de base à leur taxe représente le *minimum* d'assortiment fixé par le préfet (139).

Si la comparaison des feuilles d'avertissement de l'exercice antérieur et de l'exercice courant fait ressortir une différence dans les bases d'une ou de plusieurs contributions, il s'agira alors d'en connaître la cause.

Cette différence sera le plus souvent motivée par des changements survenus, par une appréciation plus exacte des faits ou des choses, ou par la rectification d'erreurs antérieures, comme elle pourra être quelquefois le résultat d'erreurs matérielles.

Examen des bases de cotisations foncières.

162. Lorsqu'un contribuable reconnaîtra une différence dans les bases de cotisation de la contribution foncière, c'est-à-dire dans le revenu cadastral, il se reportera à son folio de matrice cadastrale et examinera si des mutations ou changements quelconques ont été faits dans la consistance de ses propriétés bâties ou non bâties, ou dans l'évaluation des propriétés bâties. S'il existe des changements dans le nombre des parcelles, il se rendra compte, par la reconnaissance de ces propriétés, de l'exactitude des changements opérés, et, dans le cas où il découvrirait des parcelles qui ne lui appartiendraient pas, il s'entendra avec leur véritable propriétaire pour faire rectifier l'erreur, soit par le percepteur, soit par le contrôleur des contributions directes, ou bien il adressera au sous-préfet une demande en mutation de cote. Si la différence provient d'une nouvelle évaluation de propriété bâtie, construite, reconstruite ou augmentée, il pourra vérifier, par la comparaison avec les évaluations des propriétés de même nature de la commune, si l'évaluation nouvelle a été faite proportionnellement à celle de ces autres propriétés.

Les bases de cotisation foncière peuvent être également modifiées par des pertes ou accroissements de matière imposable affectant des propriétés non bâties. Le contribuable aura donc à examiner si toutes les parcelles qui, par une cause quelconque, ont cessé d'être imposables, ont été supprimées, ou si celles qui sont devenues imposables ont été évaluées proportionnellement à l'évaluation des parcelles qui les avoisinent.

Dans le cas où le contribuable ne reconnaîtrait aucun changement, ni dans la consistance, ni dans l'évaluation de ses propriétés, il devra faire avec soin l'addition du revenu cadastral des parcelles portées à son folio de matrice, et s'assurer si la modification dont le chiffre total de son revenu cadastral aurait été l'objet ne serait pas la conséquence d'une rectification d'erreur, auquel cas il ne serait pas en droit de se prévaloir de l'état de choses antérieur. Mais, s'il y avait erreur matérielle, et qu'elle fût à son préjudice, alors il serait fondé à en réclamer le redressement.

Examen des cotisations foncières.

168. Pour se rendre compte de l'exactitude de sa cotisation foncière, le contribuable n'a qu'à multiplier le revenu cadastral par le centime le franc foncier qui est indiqué en marge de sa feuille d'avertissement. Il devra ainsi reproduire exactement le chiffre de sa cotisation.

Examen des bases de cotisations mobilières.

169. Lorsqu'il y aura entre les feuilles d'avertissement de l'année courante et de l'année antérieure une différence dans le loyer d'habitation qui sert de base à la cotisation mobilière, cette différence proviendra soit d'un changement d'habitation de la part du contribuable, soit de réduction ou d'extension de son habitation, ou de toute autre cause de nature à en affecter la valeur locative.

Il peut se faire aussi, bien que le contribuable n'ait pas changé d'habitation ou qu'il ne soit survenu aucun changement dans celle qu'il a continué d'habiter, que le loyer servant de base à sa cotisation mobilière se trouve néanmoins modifié. Cette modification serait alors le résultat d'une répartition reconnue plus proportionnelle par les répartiteurs, ou celui d'une fausse attribution.

Dans tous les cas, que la base de cotisation mobilière d'un contribuable ait été ou non modifiée, il suffit qu'elle soit en proportion avec la masse des bases de cotisation ou loyers d'habitation des autres habitants de la commune pour qu'il n'y ait pas lieu à réclamation. Mais si cette proportion n'existait pas et qu'il y eût surtaxe, le contribuable serait en droit de réclamer.

Bien des contribuables croient encore que la contribution mobilière a pour base le mobilier de l'habitation. Nous croyons devoir rappeler ici que le plus ou moins d'importance du mobilier d'une habitation n'influe pas sur les bases de cotisations mobilières, car l'impôt est établi sur le loyer des habitations, abstraction faite des meubles.

Examen des cotisations mobilières.

170. Le contribuable qui désirera s'assurer que sa cotisation mobilière n'a pas été l'objet d'une erreur matérielle, multipliera le loyer d'habitation qui lui est attribué dans sa feuille d'avertissement par le centime le franc mobilier qui se trouve relaté en marge de ladite feuille.

Examen des bases de cotisations des portes et fenêtres.

171. L'examen des bases de cotisation concernant la contribution des portes et fenêtres présente certaines difficultés, tant à cause de la distinction des portes et fenêtres par catégories qu'à cause de la distinction à faire entre celles qui sont et celles qui ne sont pas imposables. Ces difficultés disparaîtront pour les contribuables qui voudront se bien pénétrer des explications que nous avons données à cet égard dans le chapitre relatif à l'assiette de cette contribution.

Supposons donc qu'il en soit ainsi, car ce n'est qu'à cette condition qu'on pourra faire utilement la vérification des bases de cotisations, et indiquons comment les contribuables devront y procéder.

Nous ferons d'abord remarquer que toutes les portes et fenêtres imposables des divers bâtiments qu'un contribuable possède dans la même commune sont cumulées par catégorie dans les bases de cotisation. Il y a donc lieu pour le contribuable de compter séparément dans chaque corps de bâtiment : 1° les portes cochères, charretières ou de magasin ; 2° les portes et fenêtres des rez-de-chaussée, entre-sol, 1er et 2e étages ; 3° les fenêtres du 3e étage et au-dessus ; 4° le nombre de ses maisons qui n'ont qu'une ouverture ; 5° celui de ses maisons à deux ouvertures ; 6° celui de ses maisons à trois ; 7° celui de ses maisons à quatre ; 8° et enfin celui de ses maisons à cinq ouvertures.

Après avoir fait ce recensement, le contribuable réunira en un seul nombre toutes les ouvertures de la même catégorie, et il devra, par ce moyen, sauf erreur de sa part, reproduire exactement les bases de cotisations portées sur sa feuille d'avertissement, ou constater dans ces bases une erreur contre laquelle il pourra réclamer, s'il y a lieu.

Le contribuable qui aura, une fois pour toutes, reconnu l'exactitude du recensement de ses portes et fenêtres, ou fait rectifier l'erreur reconnue, n'aura plus qu'à comparer annuellement les bases de cotisations portées sur sa feuille d'avertissement de l'année courante avec les bases de cotisations de l'année antérieure. Si de cette comparaison il ressort une différence, elle ne pourra être que la conséquence d'une erreur matérielle, à moins que le contribuable n'ait fait des changements dans le nombre ou dans la catégorie des portes et fenêtres de ses bâtiments, ou à moins encore que des portes et fenêtres, qui étaient exemptes d'impôt par suite de la destination des locaux auxquels elles donnaient air, jour ou accès, ne soient devenues imposables à cause du changement de destination des dits locaux. Dans ce cas, le contribuable recensera de nouveau les portes et fenêtres de tous ses bâtiments par le procédé ci-dessus indiqué.

Si la comparaison des feuilles d'avertissement de l'année antérieure et de l'année courante ne faisait ressortir aucune différence dans les bases de cotisation, et que le contribuable eût cependant modifié le nombre ou la catégorie des portes et fenêtres de ses bâtiments avant le 1er janvier de l'année courante, il serait en droit, dans le cas où il se trouverait surtaxé, de réclamer une réduction.

Examen des cotisations des portes et fenêtres.

122. La quotité d'impôt applicable annuellement à chaque porte ou fenêtre, selon sa catégorie, ne figure pas sur les feuilles d'avertissement, excepté en ce qui concerne les villes de Paris, Bordeaux, Lyon, etc., où la taxation des portes et fenêtres est l'objet d'une législation spéciale, et où la taxe afférente à chaque porte ou fenêtre est trop clairement indiquée au dos des avertissements pour qu'il soit nécessaire d'entrer à cet égard dans des explications particulières.

En dehors donc de ces villes, les contribuables qui désireront vérifier s'il n'y a pas erreur dans la taxation des portes et fenêtres relatées sur leurs avertissements devront recourir à la feuille de tête du rôle du percepteur ou de la matrice générale déposée dans chaque mairie. Sur l'un et l'autre de ces documents, ils trouveront le tarif correspondant à l'année pour laquelle le rôle est établi, et, en multipliant le taux afférent à chaque catégorie d'ouvertures par le nombre des ouvertures particulier à chaque catégorie, ils deyront reproduire les cotisations totales dont elles ont été l'objet, ou constater l'existence d'une erreur matérielle.

Examen des bases de cotisations des droits de patente.

173. Il y a deux sortes de bases de cotisations pour les droits de patente, savoir : 1° Les bases de cotisations des droits fixes ; 2° celles des droits proportionnels.

Droits fixes.

Pour procéder à l'examen des bases de cotisations des droits fixes, le contribuable aura : 1° à vérifier si la profession ou les professions qui sont désignées sur sa feuille d'avertissement est qualifiée ou sont qualifiées conformément à la nature de la profession ou des professions qu'il exerce ; 2° quand il s'agira de professions où divers éléments concourent à l'assiette du droit fixe, tels que le nombre d'ouvriers, de pierres de meules ou de cylindres, la capacité des fours, des cuves ou des chaudières, etc., il aura à examiner si ces divers éléments sont exactement indiqués ; 3° le patentable qui exerce plusieurs professions n'oubliera pas qu'il est passible d'un droit fixe entier pour la profession donnant lieu au droit fixe le plus élevé, et d'un demi-droit fixe additionnel pour chacune des autres professions formant des établissements distincts ou étant exercées dans des boutiques ou magasins distincts. Par conséquent, il devra examiner si les professions indiquées sur sa feuille d'avertissement comme donnant lieu à des demi-droits fixes additionnels sont bien réellement exercées d'une manière distincte.

Lorsque l'examen des bases de cotisations des droits fixes fera reconnaître une fausse désignation concernant une profession, une erreur dans la constatation des éléments qui concourent à l'assiette du droit fixe, ou une fausse interprétation concernant des établissements, boutiques ou magasins qui auraient été considérés à tort comme distincts, le patentable prendra note de ces faits provisoirement et passera ensuite à l'examen des bases de cotisations des droits proportionnels.

Droits proportionnels.

174. Les bases qui servent à établir les droits proportionnels de patente sont, nous l'avons déjà dit, la valeur locative réelle, tant des locaux affectés à l'habitation des patentables et des personnes par eux employées que des locaux qui servent à l'exercice des professions. Le patentable aura donc à examiner si la valeur locative des locaux affectés à l'habitation et de ceux qui servent à l'exercice de sa profession ou de ses professions n'excéderait pas le taux ordinaire des loyers, ou le prix de son bail, s'il y a lieu. Il s'assurera en outre, dans le cas où son bail comporterait des objets non passibles du droit proportionnel de patente, des terres, par exemple, que l'on a déduit du prix du bail la valeur locative afférente à ces objets.

L'assiette des droits proportionnels est faite d'après des taux qui diffèrent selon la nature des professions. Le taux varie souvent aussi pour un même patentable, suivant qu'il s'agit de fixer le droit proportionnel afférent à l'habitation ou celui qui s'applique aux établissements. Il est, par conséquent, utile de vérifier si la valeur locative a été bien ventilée, c'est-à-dire si l'on n'aurait pas attribué à l'habitation, par exemple, une valeur locative supérieure à celle qu'elle comporte, car, bien qu'en somme la valeur locative totale puisse être exacte, comme l'habitation est quelquefois passible d'un taux plus élevé que celle de l'établissement, il en résulterait une surtaxe.

Examen des cotisations des droits fixes.

175. Les professions étant désignées sur les avertissements exactement comme elles le sont dans la nomenclature des professions imposables, il suffit, pour se rendre compte de l'exactitude des cotisations concernant les droits fixes, de rechercher dans cette nomenclature (1) la profession ou les professions en question, en se reportant à la classe ou au tableau qui leur est assigné sur la feuille d'avertissement. On s'assurera de cette manière, quand il s'agira d'une profession comprise dans une classe, c'est-à-dire faisant partie du tableau A, si la classe qui a été attribuée à la profession qu'on exerce est bien celle sous laquelle elle figure dans la nomenclature. Ensuite, on se reportera au tarif général qui se trouve sur la première page de la nomenclature des professions, et, en jetant les yeux dans la colonne où est indiquée la catégorie de population correspondante à la population de la commune dans laquelle on est imposé, on trouvera le droit fixe afférent à la classe dont il s'agira relaté au point de jonction de la colonne verticale et de la ligne horizontale qui partira de ladite classe.

S'il s'agit d'une profession comprise dans le tableau B, la recherche de la profession dans ce tableau suffira pour faire connaître immédiatement au patentable le chiffre du droit fixe qui est applicable à sa profession, en raison de la population de la commune dans laquelle il est imposé.

Il en sera de même pour les professions du tableau C; on trouvera indiqués dans ce tableau, sous la désignation de chaque profession : 1° le droit fixe invariable; 2° les taux à appliquer aux éléments variables du droit fixe.

Examen des cotisations des droits proportionnels.

176. Pour se rendre compte de l'exactitude des cotisations en ce qui concerne les droits proportionnels, il y a lieu :

1° De rechercher quels sont, pour les professions que l'on exerce, les taux applicables, tant à la valeur locative de l'habitation qu'à celle des établissements, lesquels taux sont

______

(1) La nomenclature des professions est placée à la fin du volume.

indiqués dans la nomenclature des professions, en tête de chaque classe ou tableau;

2° De diviser la valeur locative de l'habitation et des établissements par le taux qui lui est spécialement applicable, c'est-à-dire par 15, 20 ou 25, etc., suivant que le taux du droit proportionnel est fixé au quinzième, au vingtième ou vingt-cinquième, etc., de la valeur locative.

Ce double examen, s'il est bien fait, aura nécessairement pour résultat de constater l'exactitude des cotisations ou l'existence d'erreurs matérielles dont le patentable pourra réclamer le redressement, si elles sont à son préjudice.

Examen des centimes additionnels.

177. La manière de vérifier l'exactitude de la quotité des centimes additionnels, appliquée à un patentable sur le principal des droits fixes et additionnels de sa patente, consiste à additionner les cotisations des droits fixes et des droits proportionnels, et de multiplier la somme ainsi obtenue par le nombre des centimes additionnels ou marc le franc qui a été attribué à la commune, lequel marc le franc se trouve relaté sur l'avertissement au-dessous de l'article du rôle.

Exemple :

Supposons des droits de patente établis de la manière suivante :

Droit fixe de première classe................. 45 fr. } 60 fr.
1/3 droit fixe additionnel de deuxième classe 15 }

Droit proportionnel. } 400 fr.
Au 15ᵉ sur une valeur locative de 300 fr..... 20 fr. } 40 fr.
Au 20ᵉ sur une valeur locative de 400 fr..... 20 }

Si le nombre des centimes additionnels applicables au principal des patentes est pour la commune de 0 fr. 33,15, par exemple, on multipliera le droit en principal totalisé, qui est de 100 fr., par 0 fr. 33,15, ce qui donne, pour le montant

des centimes additionnels dus par le patentable, la somme
de 35 fr. 15 c., laquelle somme, ajoutée aux droits en principal, détermine, y compris 5 centimes pour frais d'avertissement, le montant total des droits de patente à la somme
de 135 fr. 20 c.

Explication concernant la répartition des cotisations individuelles entre l'État, le département et la commune.

178. La multitude des renseignements et des précau-
tions dont il est aujourd'hui prescrit aux agents des contributions directes de s'entourer concernant l'assiette des diverses
contributions, l'impartialité et la modération qui leur sont
recommandées, enfin les soins qu'ils apportent, tant dans
l'établissement des bases que dans le calcul des cotisations,
sont une garantie contre les erreurs matérielles non moins
que contre les appréciations exagérées. Les contribuables qui
auront procédé aux divers examens que nous venons d'indiquer n'auront donc que rarement l'occasion de constater
des surtaxes dans leurs cotisations, si ce n'est dans le cas où
elles seraient la conséquence de faits postérieurs à la confection des rôles. Mais il arrivera souvent, néanmoins, qu'ils
remarqueront dans le montant de leurs cotisations des
augmentations qui, vu l'exactitude préalablement reconnue
des bases et du calcul de ces cotisations, ne seront pas tout
d'abord justifiées à leurs yeux. Dans ces circonstances, ils
pourraient être disposés, l'expérience nous le démontre du
reste tous les jours, à rendre le pouvoir responsable de cette
aggravation de charges. Le moyen de s'assurer qu'il n'en est
rien est bien simple, et cependant il est peu de contribuables
qui sachent l'employer. Qu'ils comparent la feuille d'avertissement, où se fait remarquer l'augmentation avec les feuilles
d'avertissement des années antérieures, et qu'ils jettent les
yeux sur la part qui est attribuée à l'État, en regard des

cotisations relatives à chacune de leurs contributions ; ils s'assureront que la part de l'État ne varie pas toutes les fois que les bases de cotisations restent les mêmes. Ce sera donc au département ou à la commune, ou à tous les deux en même temps, que reviendra le bénéfice des augmentations d'impôts, comme conséquence des imputations départementales ou communales qui auront été votées par les conseils généraux ou les conseils municipaux, dans le but de créer des améliorations quelconques. Si l'on veut apprécier dans quelle proportion le département ou la commune participent dans les augmentations, on examinera la part qu'ils prennent l'un et l'autre dans le montant du rôle et on la comparera à celle qui leur était attribuée l'année ou les années antérieures. Ce renseignement est relaté dans le petit cadre qui se trouve en tête de la feuille d'avertissement, ou qui, dans les grandes villes, à Paris par exemple, est remis séparément aux contribuables. Cet examen ne sera sans doute pour les contribuables d'aucun bénéfice matériel, mais ils auront au moins la satisfaction morale de connaître en quelque sorte l'emploi des impôts auxquels ils participent. Nous tenions d'ailleurs essentiellement, et en cela nous croyons faire acte de bon citoyen, à les prémunir contre des insinuations que la malveillance exploite souvent, et qui consistent à faire attribuer au Pouvoir des augmentations d'impôt auxquelles il est toujours étranger et au vote desquelles il n'est même pas directement intéressé, puisque ces impositions n'ont d'autre destination que celle de subvenir aux charges locales.

Observation au sujet des feuilles d'avertissement concernant les taxes assimilées.

179. Il n'est pas délivré de feuilles d'avertissement pour la taxe des poids et mesures. Quant à celles relatives à la taxe de prestation et à celle sur les chiens, elles ne nécessitent aucune explication, le simple examen de ces feuilles suffisant pour s'assurer, à première vue, de l'exactitude des cotisations et des éléments qui leur servent de bases. Il n'y a qu'à examiner si, parmi ces éléments, ne se trouveraient pas compris des individus ou des objets que la loi exempte de la taxe, ce dont il sera facile de se rendre compte en lisant attentivement les principes que nous avons développés dans le cours de notre ouvrage, concernant chacune des taxes sus-indiquées.

DES RÉCLAMATIONS.

PRINCIPES GÉNÉRAUX.

Distinction des différentes sortes de réclamations.

180. Les contribuables ne savent généralement pas distinguer les demandes en *décharge* ou *réduction* de celles en *remise* ou *modération*. Cette distinction est très-importante à cause des délais dans lesquels les réclamations doivent, selon leur nature, être présentées, et dont il sera fait mention.

Il y a lieu à *décharge*, toutes les fois qu'une cote est *indûment portée* au rôle; à *réduction*, quand il y a *surtaxe* dans la cotisation; à *remise*, lorsque la cote ayant été bien établie dans le principe, le contribuable vient à perdre la *totalité* des revenus objet de l'imposititition; et, enfin, à *modération*, si la perte ne porte que sur une *partie* de ces revenus.

Les démolitions totales ou partielles de maisons ou usines ne donnent lieu, pour l'année pendant laquelle elles ont été effectuées, qu'à remise ou modération.

Les événements malheureux survenus dans le courant de l'année, et qui mettent un contribuable dans l'impossibilité d'acquitter ses contributions, peuvent encore être l'objet de remises ou de modérations.

La *décharge* et la *réduction* sont de justice rigoureuse. Toute cote indûment établie ou surtaxée doit, s'il y a réclamation, être l'objet d'un dégrèvement intégral dans le premier cas, et, dans le second cas, d'un dégrèvement égal au montant de la surtaxe.

Il n'en est pas de même de la *remise* et de la *modération*. Ces sortes de dégrèvements ne sont pas de droit étroit; ils tiennent à la bienfaisance et à l'humanité bien plus qu'à la justice distributive, et peuvent être accordés intégralement ou en partie seulement, suivant la latitude du fonds de non-valeurs mis à la disposition du préfet. La quotité des dégrèvements particuliers, en un mot, est subordonnée au montant total des dégrèvements à accorder dans le même département pour un même exercice.

DU DROIT DE RÉCLAMATION EN GÉNÉRAL.

Droit des individus nominativement inscrits au rôle.

181. Tout contribuable a le droit de former une demande en *décharge* ou *réduction* de sa contribution, lorsqu'il croit être mal imposé; *en mutation de cote*, lorsqu'une propriété est cotisée sous son nom au lieu de l'être sous celui du véritable propriétaire: *en transfert de patente*, s'il a cédé son établissement dans le courant de l'année. [Dans le cas où il n'y aurait que cessation de commerce et remplacement d'un individu par un autre dans un même local, par suite de fin de bail ou d'une cause autre que celle résultant d'une cession authentique de l'établissement, on ne serait pas fondé à demander le transfert de la patente au nouvel exploitant.

Les contribuables qui, par l'effet d'événements extraordinaires, ou par suite de chômage d'usine ou de vacance de maison, ont éprouvé des pertes de revenu, peuvent former des demandes en *remise* ou *modération* de contribution.

Droit des héritiers.

182. Les héritiers des individus qui sont décédés *avant le 1er janvier* peuvent former des demandes en décharge de la contribution personnelle et mobilière portée au nom desdits individus. Toutefois, si l'habitation de la personne décédée est restée meublée, postérieurement au 1er janvier, à la disposition des héritiers, ceux-ci ne sont fondés à réclamer que la décharge de la taxe personnelle.

Les héritiers des patentés dont les magasins, boutiques ou ateliers ont été fermés par suite de décès, peuvent réclamer la décharge des droits de patente, si la fermeture des magasins, boutiques et ateliers est antérieure au 1er janvier, et la réduction des droits restant à courir, si le décès et la fermeture des magasins etc., ont eu lieu après le 1er janvier.

Droit des créanciers.

183. Le même droit de réclamation appartient aux créanciers des patentés dont les magasins, boutiques ou ateliers ont été fermés par suite de faillite déclarée.

Droit des maires.

184. Lorsque des pertes ont frappé une partie notable du territoire de la commune, comme dans les cas de gelée, grêle, inondation, incendie, etc., le maire peut former une demande collective au nom des contribuables.

Défaut de qualité des tiers, à moins de mandat spécial.

185. En dehors des cas susindiqués, nul n'est admis à

réclamer pour autrui, s'il ne justifie qu'il a qualité pour le faire. Cette justification peut être faite par simple lettre, ainsi que cela résulte d'un arrêt du conseil d'État, du 22 avril 1857. (Affaire Lemaire.)

Ainsi, à moins de pouvoir spécial, les pères ne sont pas admis à réclamer pour leurs enfants majeurs; ni les enfants, pour leurs pères; ni, quand il s'agit de réclamation individuelle, les autorités municipales, pour leurs administrés; ni les répartiteurs, pour les contribuables de leur commune; ni les percepteurs, pour le contribuable qui peut réclamer lui-même; ni les propriétaires, pour leurs fermiers ou locataires; ni ceux-ci, pour leurs propriétaires.

Toutefois, à défaut du propriétaire de la maison qu'il habite, le locataire a qualité pour réclamer au sujet de la contribution des portes et fenêtres assise sur ladite maison. (Arrêt du 14 décembre 1853.)

Ne sont pas recevables les demandes en transfert de patente formées par les cessionnaires des établissements.

FORMATION DES RECLAMATIONS.

Les pétitions doivent être individuelles.

186. Les réclamations doivent être individuelles, c'est-à-dire qu'il doit être présenté autant de réclamations qu'il y a de réclamants, sauf les cas de pertes où le maire réclame pour les habitants, ou à moins encore que, pour indivision ou autres causes, plusieurs individus ne se trouvent collectivement compris dans un même article de rôle, auquel cas la demande peut être collective.

Cas où l'emploi du papier timbré est ou non obligatoire.

187. A l'exception des réclamations relatives aux taxes

de prestation et des poids et mesures, lesquelles, quel que soit le montant de la taxe au sujet de laquelle on réclame, peuvent être formulées sur papier libre, toute réclamation ayant pour objet une cote de 30 fr. et au-dessus, doit être formulée sur papier timbré (1).

Néanmoins, lorsqu'il s'agit de la contribution foncière, si la parcelle ou les parcelles, au sujet desquelles on réclame, ne donnent pas lieu à une contribution de 30 fr., on peut présenter la demande sur papier libre, alors même que le montant total de la cote foncière serait supérieur à 30 fr. (Arrêt du conseil d'État du 30 novembre 1852.)

Formation obligatoire d'une pétition particulière pour chaque contribution.

188. Les réclamants sont tenus de présenter une pétition particulière pour chacune des contributions sur lesquelles portent les réclamations. Cette obligation est absolue, surtout quand les cotes, au sujet desquelles on réclame, sont isolément supérieures à 30 fr., car, dans ce cas, il y a lieu d'employer autant de feuilles de papier timbré qu'il y a de pétitions à faire. Mais si chaque cote est inférieure à 30 fr., ou si une seule atteint ce chiffre, une seule pétition peut suffire.

Pièces à joindre aux pétitions.

189. Toute demande en décharge ou réduction doit être accompagnée :

1° De l'avertissement ou d'un extrait de rôle ; — 2° de la quittance des termes échus.

Lorsqu'on forme une réclamation avant l'expiration du

---

(1) Lorsqu'un avertissement concerne plusieurs natures de contribution, chaque contribution représente une cote différente.

premier douzième, il est évident qu'on n'est pas tenu de joindre une quittance, puisqu'il n'y a pas de terme échu.

3° Quand il s'agit d'une réclamation sur la contribution foncière, et surtout d'une réclamation pour démolition, ou pour vacance ou chômage de maison ou usines, il convient de joindre à la demande un extrait de la matrice cadastrale certifié par le maire, en ce qui concerne la parcelle ou les parcelles qui font l'objet de la réclamation.

DÉLAI DE PRÉSENTATION DES DEMANDES EN DÉCHARGE OU RÉDUCTION.

CONTRIBUTION FONCIÈRE. — PROPRIÉTÉS NON BATIES.

Réclamations contre la contenance, le classement ou l'évaluation.

190. Les réclamations contre la contenance, le classement ou l'évaluation des propriétés non bâties doivent, à peine de déchéance, être présentées dans les six mois qui suivent l'émission du premier rôle cadastral.

Les demandes en réduction, présentées après la cessation d'exemptions temporaires dont les propriétaires jouissaient au moment du cadastre, ne sont plus recevables après l'expiration des six mois qui suivent la publication du rôle dans lequel elles ont été comprises pour la première fois.

Le même délai est applicable aux demandes produites par les acquéreurs de propriétés non-imposées avant l'acquisition qu'ils en ont faite à l'État, au département ou à la commune.

Ce délai de six mois est de rigueur, même quand il s'agirait d'erreurs matérielles commises soit dans le classement, soit dans la contenance des parcelles. Mais on peut réclamer à toute époque, savoir :

1° Contre l'application qui a été faite à une propriété, désignée sur la matrice par sa véritable nature de culture, des évaluations afférentes à une autre nature de culture ;

2° Contre le classement d'une propriété dont le revenu a diminué, postérieurement au cadastre, par l'effet d'un événement extraordinaire ou imprévu et indépendant de la volonté du propriétaire.

Contributions foncière et des portes et fenêtres des propriétés bâties.

191. Les propriétaires de propriétés bâties peuvent se pourvoir, à toute époque, en décharge ou réduction des contributions foncière et des portes et fenêtres, en cas de surtaxe de leurs bâtiments.

Les demandes en décharge ou réduction des contributions foncières et des portes et fenêtres des propriétés bâties détruites ou démolies, en tout ou en partie, avant le 1er janvier, doivent être présentées dans les trois mois de la publication du rôle.

Contributions personnelle et mobilière et des patentes.

192. Les demandes en décharge ou réduction des contributions personnelle et mobilière et des patentes doivent être présentées dans les trois mois de la publication des rôles.

Les demandes en réduction de patente pour cause de décès ou de faillite doivent être présentées dans les trois mois qui suivent la fermeture des magasins, boutiques ou ateliers.

Les demandes en transfert de patentes doivent être présentées dans les trois mois de la cession de l'établissement.

Délai de présentation des demandes en remise ou modération.

193. Les demandes en remise ou modération de contributions de toute nature, motivées par des événements malheureux, doivent être présentées dans les quinze jours qui suivent les événements.

Les demandes en dégrèvement de contributions pour démolitions survenues pendant l'année doivent être présentées dans les quinze jours qui suivent l'achèvement de la démolition, attendu que ces sortes de demandes, ne pouvant donner lieu qu'à remise ou modération, rentrent, pour les délais, dans le principe général en vertu duquel les demandes en remise ou modération doivent être présentées dans les quinze jours qui suivent les événements.

Les demandes en remise ou modération pour vacances de maisons ou chômages d'usines doivent être présentées dans les quinze jours qui suivent la cessation de la vacance ou du chômage, si la vacance ou le chômage a duré plus de trois mois et moins d'une année, et dans les quinze jours qui suivent l'année de vacance ou de chômage, si la vacance ou le chômage a duré pendant une année.

Observation rigoureuse des délais, dans le cas de changement de résidence.

194. Toute pétition présentée en dehors des délais fixes par les lois, et que nous venons de faire connaître, est rigoureusement rejetée.

Toutefois, en cas de changement de résidence antérieur à la publication du rôle, le délai ne court pas, pour les contribuables, du jour de la publication du rôle, mais seulement de celui où ils ont eu officiellement connaissance de leur imposition, à moins qu'ils n'aient laissé dans la commune une personne qui les représente, et à laquelle les avertissements puissent être utilement remis, comme cela a lieu pour les propriétaires de propriétés bâties ou non bâties. D'après ce principe, qui résulte de la jurisprudence du conseil d'État, nul n'est recevable, dans quelque circonstance que ce soit, à présenter, hors du délai légal, une réclamation relative à la contribution foncière ou à celle des portes et fenêtres.

Dans tous les cas, le contribuable qui a eu connaissance de son imposition par un avis du percepteur n'est pas fondé, par le motif qu'il n'aurait pas reçu sa feuille d'avertissement, ou qu'il ne l'aurait reçue que tardivement, à demander la prolongation du délai de réclamation au delà des trois mois qui suivent la réception dudit avis.

Autorités auxquelles les réclamations doivent être adressées.

195. Lorsque les cotisations au sujet desquelles on réclame sont établies dans une commune de l'arrondissement chef-lieu, les pétitions doivent être adressées au préfet; dans le cas contraire, c'est au sous-préfet qu'elles devront l'être.

Instruction des réclamations.

196. Les réclamations sont instruites par les agents des contributions directes, qui prennent l'avis des répartiteurs, pour toutes les demandes en décharge ou réduction relatives aux contributions foncière, personnelle et mobilière et des portes et fenêtres ; du maire seul et du sous-préfet, pour les demandes en décharge ou réduction concernant les patentes et pour celles en remise ou modération de toutes les natures de contribution.

Le conseil de préfecture statue sur les demandes en décharge ou réduction de toutes les contributions et sur les demandes en mutation de cote concernant les contributions foncière et des portes et fenêtres.

Le préfet seul statue sur celles en remise ou modération et sur les transferts de patente.

Avant de soumettre au conseil de préfecture les demandes en décharge ou réduction pour lesquelles il conclut au rejet, le directeur des contributions directes met la partie intéressée en demeure de fournir de nouvelles observations ou de recourir à l'expertise. Le dossier est, à cet effet, déposé pendant quinze jours à la sous-préfecture. Si, dans le délai de dix jours qui suit la notification qui lui est faite de ce dépôt, le réclamant n'a pas fourni de nouvelles observations ou demandé l'expertise, la demande est immédiatement soumise à la décision du conseil de préfecture. Dans le cas contraire, il est procédé soit à une nouvelle instruction de la demande, soit à l'expertise si elle a été demandée, et ce n'est qu'après l'une ou l'autre de ces formalités que le conseil de préfecture est appelé à statuer définitivement.

Il est toujours donné avis au contribuable de la décision intervenue sur sa réclamation.

Lorsque la demande est rejetée, après expertise, les frais de cette expertise sont supportés par le réclamant. Si elle est admise, ils sont mis à la charge de la commune, de l'État ou du fonds de non valeurs, suivant les contributions dont il s'agit, et que nous nous dispensons d'indiquer, cette explication n'intéressant pas les contribuables.

Pourvois devant le Conseil d'État.

197. Les contribuables peuvent toujours se pourvoir devant le conseil d'État contre les décisions du conseil de préfecture. Leurs requêtes doivent être parvenues dans les bureaux de la préfecture ou au secrétariat du conseil d'État dans les trois mois qui suivent la notification qui leur est faite du rejet de leur demande.

Toute requête doit être faite sur papier timbré, s'il s'agit d'une cote de 30 fr. et au-dessus; elle est exempte du timbre quand ladite cote est inférieure à 30 fr.; elle peut n'être accompagnée que de la notification ou lettre d'avis de la décision du conseil de préfecture. Mais, si le réclamant juge utile d'y joindre une copie entière de cette décision et des rapports

sur lesquels elle est intervenue, cette copie lui est délivrée à raison de 75 centimes le rôle, pour frais d'expédition, non compris le papier timbré (1). (Résumé de l'art. 2 de la loi du 2
messidor an VII et de la décision du conseil d'État du 26 avril
1851.)

Le recours au conseil d'État n'est soumis qu'au droit du
timbre, et peut être transmis au Gouvernement, sans frais,
par l'intermédiaire du préfet. (Art. 30 de la loi du 21 avril
1832.)

Des réclamations en matière de taxe de prestation, de taxe sur les chiens et de taxe des poids et mesures.

198. Les réclamations concernant les taxes de prestation,
des chiens et des poids et mesures, sont présentées dans la
même forme et dans les mêmes délais, instruites et jugées de
la même manière que celles relatives aux contributions directes proprement dites. Il existe, toutefois, des exceptions
qu'il importe de faire connaître.

1° Les pétitions concernant les taxes de prestation et des
poids et mesures sont exemptes de timbre, quel que soit le
montant de la taxe au sujet de laquelle on réclame.

2° Il n'est rien dit à cet égard, pour la taxe sur les chiens,
ni dans la loi, ni dans le décret réglementaire, ni dans les instructions; d'où il faut conclure, comme conséquence de
l'art. 6 de la loi du 2 mai 1855 d'après lequel le recouvrement
de cette taxe a lieu comme en matière de contributions directes, que les réclamations ayant pour objet une cote supérieure à 30 fr. doivent être faites sur papier timbré.

3° Le rôle des prestations étant publié avant le 1er janvier,

---

(1) Le papier timbré n'est obligatoire que pour les pièces à produire à
l'appui de recours ayant pour objet des cotes de 30 francs et au-dessus.
(Circulaire ministérielle du 17 avril 1855.)

il est accordé aux réclamants, pour faire leurs demandes, jusqu'au 31 mars inclusivement.

4° Les demandes en remise ou modération concernant les droits de vérification des poids et mesures peuvent être présentées jusqu'à l'expiration de l'année pour laquelle le rôle est émis il est autorisé est recouvrés, pour faire leurs demandes jusqu'à... leur recouvrement.

49. Les créances en reprise ou modération, concernant les droits de vérification des poids et mesures, pouvant être présentées jusqu'à l'expiration de l'année pour laquelle le rôle est clos...

MODÈLES DE RÉCLAMATIONS

POUR LES CAS LES PLUS USUELS.

Forme des réclamations.

199. Toute réclamation doit être datée et signée, et indiquer la qualité de l'autorité à laquelle elle est adressée.

DEMANDES EN DÉCHARGE OU RÉDUCTION.

CONTRIBUTION FONCIÈRE.

Erreur de contenance.

Pièces à joindre :   Délai de réclamation :

1º Feuille d'avertissement ;   (Dans les six mois de la publication
2º Quittance des termes échus ;   du premier rôle.)
3º Extrait de la matrice cadastrale.

Le   18 .

MONSIEUR LE SOUS-PRÉFET, (ou PRÉFET, s'il y a lieu),

200. Le soussigné, (*indiquer les nom, prénoms, profession et domicile*) a l'honneur de vous exposer que la parcelle (*ou les parcelles, et alors continuer au pluriel*), désignée dans l'extrait ci-joint de la matrice cadastrale, est cotée à tort pour une contenance de (*indiquer la contenance de la parcelle ou de chacune des parcelles s'il y en a plusieurs*), attendu qu'elle ne contient que (*indiquer la contenance qu'on oppose*).

Il demande la rectification de cette erreur, et, en même temps, la réduction de contribution foncière à laquelle cette rectification peut donner lieu.

Il a l'honneur d'être, etc.

Erreur de classement.

Pièces à joindre :	Délai de réclamation :
(Voir n° 200.)	(Voir n° 200.)

201. Le soussigné, etc., a l'honneur de vous exposer que la parcelle (*ou les parcelles, et alors continuer au pluriel*), désignée dans l'extrait ci-joint de la matrice cadastrale, a été classée à tort (*indiquer la classe*), puisque les parcelles nᵒˢ (*indiquer les numéros de plusieurs parcelles voisines*) qui l'avoisinent, et qui sont de même nature et de même qualité, ne sont portées qu'en (*indiquer la classe de chaque parcelle*).

Il demande que ladite parcelle soit descendue à la (*indiquer la classe*), et qu'il lui soit accordé une réduction de contribution foncière pour l'exercice courant :

Erreur d'évaluation.

Pièces à joindre :	Délai de réclamation :
(Voir n° 200.)	(Voir n° 200.)

202. Le soussigné, etc., a l'honneur de vous exposer que la parcelle (*ou les parcelles, et alors continuer au pluriel*), désignée dans l'extrait ci-joint de la matrice cadastrale, a été l'objet d'une évaluation erronée, car le chiffre qui, d'après le tarif des évaluations, est applicable à la classe de ladite parcelle, donne pour résultat un revenu moins élevé que celui qui lui a été attribué.

Il demande la rectification de l'erreur et une réduction de contribution.

Propriété affectée, dans sa consistance, par suite de débordement de rivière antérieur au 1er janvier.

<table>
<tr><td>Pièces à joindre :</td><td>Délai de réclamation :</td></tr>
<tr><td>(Voir n° 200.)</td><td>(Il n'y a pas de délai fatal.)</td></tr>
</table>

203. Le soussigné, etc., a l'honneur de vous exposer que, par suite du débordement de (*indiquer le nom du cours d'eau*), survenu le....., la parcelle (*ou les parcelles, et alors continuer au pluriel*) désignée dans l'extrait ci-joint de la matrice cadastrale, a disparu en totalité (*ou en partie*) (*ou bien a été ensablée sur une partie* (*ou sur la totalité*) *de son étendue*).

Il demande la décharge de la contribution foncière y afférente (*si la parcelle a disparu en entier*) ou une réduction de la contribution y afférente (*si la parcelle n'a disparu qu'en partie, ou n'a été qu'ensablée*) et la suppression totale (*ou partielle*) de ladite parcelle de la matière imposable (*si la parcelle a disparu en tout ou en partie*) (*ou un nouveau classement de ladite parcelle* (*si elle n'a été qu'ensablée*).

Parcelle prise par la voie publique avant le 1er janvier.

<table>
<tr><td>Pièces à joindre :</td><td>Délai de réclamation :</td></tr>
<tr><td>(Voir n° 200.)</td><td>(Dans les trois mois de la publication du rôle.)</td></tr>
</table>

204. Le soussigné, etc., a l'honneur de vous exposer que la parcelle (*ou les parcelles, et alors continuer au pluriel*), désignée dans l'extrait ci-joint de la matrice cadastrale, a été prise en totalité (*ou jusqu'à concurrence de   hectares   ares   centiares*) pour la construction de la route impériale (*ou départementale*) n°   (*ou du chemin de grande communication n°   *) (*ou du chemin vicinal de   *) (*indiquer le nom du chemin*), par suite de la vente qu'il en a faite à l'État (*ou au département*) (*ou à la commune*) par acte du devant M.   (*indiquer le nom du notaire ou de l'autorité administrative qui a reçu l'acte*).

Or, comme il a cessé antérieurement au 1er janvier, de jouir de ladite parcelle (*ou de la portion susindiquée de ladite parcelle*), il demande la décharge (*ou une réduction*) de la contribution foncière qui lui est afférente.

Maison ou usine incendiée, démolie ou convertie en bâtiment rural avant le 1er janvier.

Pièces à joindre :
(Voir n° 200.)

Délai de réclamation :
(Voir n° 204.)

205. Le soussigné, etc., a l'honneur de vous exposer que la maison (*ou l'usine*), désignée dans l'extrait ci-joint de la matrice cadastrale, a été démolie (*ou a été convertie en bâtiment rural*) (*ou a été incendiée*) avant le mois de janvier dernier.

Il demande la décharge de la contribution foncière y afférente.

206. Même pétition pour la contribution des portes et fenêtres, en modifiant le dernier paragraphe, de la manière suivante :

Il demande la décharge de la contribution des portes et fenêtres afférente à ladite maison (*ou usine*), laquelle est imposée pour) *indiquer le nombre des portes et fenêtres*).

DEMANDE EN REMISE OU MODÉRATION.

Pertes de revenu par suite de gelée, grêle, inondation ou autre événement survenu postérieurement au 1er janvier.

Pièces à joindre :
(Feuille d'avertissement.)

Délai de réclamation :
(Dans les quinze jours qui suivent l'événement.)

207. Le soussigné, etc., a l'honneur de vous exposer que, par suite de   (*indiquer la nature du sinistre*) qui a ravagé la commune de   le   (*indiquer la date du sinistre*) ses récoltes, consistant en (*indiquer la nature des récoltes*), ont été fortement endommagées.

Cette perte, qui peut être évaluée à la somme de   l'affecte d'une manière sensible, d'autant plus qu'il a une nombreuse famille, et que ses récoltes n'étaient pas assurées.

Il ose espérer, Monsieur le Sous-Préfet, qu'après avoir fait procéder à la vérification de la perte, vous voudrez bien lui faire obtenir un dégrèvement de contributions, et, si c'est possible, un secours du gouvernement.

Incendie postérieur au 1er janvier.

Pièces à joindre :   Délai de réclamation :
(Voir n° 200.)   (Voir n° 207.)

208. Le soussigné, etc., a l'honneur de vous exposer que le   (*date de l'incendie*) un incendie s'est déclaré dans la maison désignée dans l'extrait ci-joint de la matrice cadastrale, et dont il est propriétaire (*ou, dans le cas où il ne serait que locataire, dire : dans la maison qu'il habitait*);

Que le bâtiment et le mobilier qu'il renfermait ont été entièrement consumés, (*si c'est le locataire qui réclame, dire : que son mobilier a été entièrement consumé*), ce qui représente pour lui une perte de   francs, environ,

Il ose espérer, Monsieur le Sous-Préfet, que vous voudrez bien lui faire obtenir la remise de la contribution foncière afférente à ladite maison (*si c'est le locataire : la remise (ou une modération) de sa contribution mobilière*).

209. Même réclamation pour la contribution des portes et fenêtres (*si la réclamation est présentée par le propriétaire*), en ayant le soin d'indiquer le nombre des portes et fenêtres.

Démolition de maison ou usine postérieurement au 1er janvier.

Pièces à joindre :
(Voir n° 200.)

Délai de réclamation :
(Voir n° 207.)

210. Le soussigné, etc., a l'honneur de vous exposer qu'il a fait démolir la maison désignée dans l'extrait ci-joint de la matrice cadastrale.

Que cette démolition, entreprise le (date), a été achevée le (date).

Il demande la remise de la contribution foncière qui est afférente à ladite maison, à partir du mois qui a suivi le commencement de la démolition.

211. Même demande pour la contribution des portes et fenêtres, en modifiant le dernier paragraphe, ainsi qu'il suit :

Il demande la remise afférente, à partir du mois qui a suivi le commencement de la démolition, aux portes et fenêtres de ladite maison, dont le nombre est de

Vacance de maison.

Pièces à joindre :
(Voir n° 200.)

Délai de réclamation :
(Dans les quinze jours qui suivent la cessation de la vacance, si la vacance dure plus de trois mois et moins d'une année ; et, dans les quinze jours qui suivent l'année de vacance, si la vacance dure une année.)

212. Le soussigné, etc., a l'honneur de vous exposer que la maison désignée dans l'extrait ci-joint de la matrice cadastrale, et dont il est propriétaire, a été, bien qu'il ait fait toutes les démarches nécessaires pour la louer, vacante en totalité (ou en partie) depuis le   jusqu'à ce jour (si la vacance dure encore) (ou jusqu'au   , à partir duquel jour elle a été louée).

Il demande, pour toute la durée de la vacance, la remise de la contribution foncière afférente à cette propriété (ou à

*la partie restée vacante qui représente le tiers, le quart, etc.
de la maison).*

213. Même réclamation pour la contribution des portes
et fenêtres, sauf le dernier paragraphe qui sera remplacé par
celui-ci :

Il demande, pour toute la durée de la vacance, la remise de
la contribution des portes et fenêtres afférente à ladite maison (*ou à la partie vacante de ladite maison*), dont le nombre des ouvertures est de   .

CONTRIBUTION DES PORTES ET FENÊTRES.

DÉCHARGES OU RÉDUCTIONS.

Erreur dans le nombre des ouvertures.

Pièces à joindre :

1° Feuille d'avertissement ;
2° Quittance des termes échus ;

(Dans les trois mois de la publication
du rôle.)

214. Le soussigné, etc., a l'honneur de vous exposer qu'il
est propriétaire (*ou locataire*) d'une maison située dans la
rue de   n°   (*ou située à*   ), laquelle est imposée
pour   portes et fenêtres, bien qu'elle ne soit que

Il demande la rectification de l'erreur et une réduction de
contribution.

Erreur dans la catégorie des ouvertures.

1er EXEMPLE.

Pièces à joindre :   Délai de réclamation :
(Voir n° 214.)   (Voir n° 213.)

Le soussigné, etc., a l'honneur de vous exposer qu'il est

propriétaire (*ou locataire*) d'une maison située dans la rue de   n° , laquelle est imposée pour 30 portes et fenêtres des rez-de-chaussée, entre-sol, 1er et 2e étages ;

Qu'il ne conteste pas le nombre des ouvertures, mais que, dans les 30, il y en a 6 qui sont afférentes au 3e étage, et sont passibles, d'après la loi du 21 avril 1832, d'une cotisation moins élevée que celle qui leur est attribuée.

Il demande la réduction à laquelle il a droit.

2e EXEMPLE.

215. Le soussigné, etc., a l'honneur de vous exposer qu'il est propriétaire de deux maisons contiguës, mais distinctes, situées à   et ayant l'une 4 et l'autre 2 ouvertures ;

Qu'au lieu d'être imposé à la contribution des portes et fenêtres pour une maison à 4 ouvertures et une maison à 2, il est imposé pour 6 ouvertures, comme s'il n'avait qu'une seule maison, ce qui constitue une surtaxe, à cause de la différence de taxation selon la catégorie des portes et fenêtres.

Il demande la rectification de l'erreur, et, en même temps, une réduction de contribution.

CONTRIBUTION PERSONNELLE ET MOBILIÈRE

Double taxe dans la même commune.

Pièces à joindre :   Délai de réclamation :

(Voir n° 214.)   (Voir n° 214.)

216. Le soussigné, etc., a l'honneur de vous exposer qu'il est, ainsi que le constatent les deux avertissements ci-joints, imposé par double emploi à la contribution personnelle et mobilière, sous les articles   et   du rôle de la commune de   .

Il demande la décharge de l'une des deux cotisations.

Imposition dans deux communes à la fois.

Pièces à joindre :
(Voir n° 214.)

Délai de réclamation :
(Voir n° 214.)

217. Le soussigné, etc., a l'honneur de vous exposer qu'il est indûment imposé à la contribution personnelle et mobilière dans la commune de   , qu'il a cessé d'habiter au mois d'   , et dans laquelle il n'a conservé aucune habitation meublée.

Comme il justifie, par l'avertissement ci-joint, de son imposition à la même contribution dans la commune d   sa nouvelle résidence, il demande la décharge dans la première commune.

Indigence.

Pièces à joindre :
(Voir n° 214.)

Délai de réclamation :
(Voir n° 214.)

218. Le soussigné, etc., a l'honneur de vous exposer qu'il n'a que ses bras pour subvenir au soutien de sa famille, et qu'il n'y suffirait pas s'il n'était assisté par le bureau de bienfaisance.

Dans ces circonstances, il pense que son imposition à la contribution personnelle et mobilière est le résultat d'une erreur, et il demande la décharge de sa cotisation.

Décès antérieur au 1er janvier.

Pièces à joindre
(Voir n° 214.)

Délai de réclamation :
(Voir n° 214.)

219. Le soussigné (*ou la soussignée*), etc., a l'honneur de vous exposer que le s^r   son père (*ou son mari, son frère ou son oncle, etc.*) est décédé le   , et que, par conséquent, il est indûment imposé à la contribution personnelle et mobilière, pour l'exercice courant, sous l'article du rôle de la commune de

Le soussigné demande donc, en qualité d'héritier, la décharge de la contribution susindiquée.

Nota. Si l'habitation du contribuable décédé est restée meublée à la disposition des héritiers ou de l'un d'eux, postérieurement au 1er janvier, ceux-ci ne seraient en droit de réclamer que la décharge de la taxe personnelle.

Si le décès est postérieur au 1er janvier, serait-ce le 2 janvier, il est inutile de réclamer; les héritiers sont, dans ce cas, tenus de payer la contribution personnelle et mobilière, au lieu et place de la personne décédée, jusqu'à concurrence du montant des douzièmes échus, et à échoir.

Surtaxe comparative.

Pièces à joindre : (Voir n° 214.)

Délai de réclamation : (Voir n° 214.)

220. Le soussigné, etc., a l'honneur de vous exposer que le loyer d'habitation, qui sert de base à sa cotisation mobilière, est trop élevé comparativement à la masse des loyers de la commune, et notamment de ceux attribués à MM. *(indiquer les noms de plusieurs contribuables comme termes de comparaison)*.

Surtaxe par suite de changement d'habitation antérieur au 1er janvier.

Pièces à joindre : (Voir n° 214.)

Délai de réclamation : (Voir n° 214.)

221. Le soussigné, etc., a l'honneur de vous exposer que, le du mois d , il a quitté l'habitation qu'il occupait *(dire le nom de la rue et le n°, s'il y a lieu)* pour en prendre une moins importante *(dire le nom de la rue et le n°, s'il y a lieu)*.

Étant imposé à la contribution mobilière d'après le loyer

de son ancienne habitation, il demande que sa cotisation soit établie proportionnellement au loyer de la nouvelle, lequel est moindre d'un tiers (*ou d'un quart, ou d'un cinquième, etc.*).

NOTA. Le contribuable qui change de commune, même avant le 1er janvier, n'est pas fondé à réclamer une réduction de cotisation mobilière par le motif qu'il aurait, dans sa nouvelle résidence, une habitation de moindre importance que celle qu'il occupait dans l'ancienne, la différence serait-elle très-considérable.

CONTRIBUTION DES PATENTES.

Cessation de profession avant le 1er janvier.

Pièces à joindre :   Délai de réclamation :
(Voir n° 214.)   (Voir n° 214.)

222. Le soussigné, etc., a l'honneur de vous adresser une demande en décharge des droits de patente, attendu qu'il a cessé le   du mois d   dernier, la profession de   pour laquelle il est imposé, et qu'il n'exerce aucune autre profession imposable.

Pièces à joindre :   Délai de réclamation :
(Voir n° 214.)   (Voir n° 214.)

Ouvrier travaillant sans compagnon ou apprenti.

223. Le soussigné, etc., imposé au rôle des patentes en qualité de   (*charpentier, menuisier, charron, maréchal-ferrant, bourrelier, serrurier, cordonnier, maçon, couvreur ou exploitant de carrières, etc.*) (1), à l'honneur de vous

(1) Ou toute autre profession, consistant en un travail de confection fabrication ou de main-d'œuvre.

exposer qu'il travaille sans compagnon ni apprenti (*ou qu'il travaille sans autre compagnons ou apppentis que sa femme ou ses enfants non-mariés*) (1), et que, d'après la loi du 2 juillet 1862, il doit être exempté de la patente.

Il demande donc la décharge des droits qui lui ont été indûment attribués.

Ouvrier travaillant sans compagnon ou apprenti, ayant enseigne ou boutique.

Pièces à joindre
(Voir n° **214.**)

Délai de réclamation :
(Voir n° **214.**)

224. Le soussigné, etc., impose au rôle des patentes, en qualité de (*charpentier, menuisier, charron, etc.* (*voir n° 223*), a l'honneur de vous exposer qu'il travaille sans compagnon ou apprenti (*ou qu'il travaille sans autres compagnons ou apprentis que sa femme ou ses enfants non-mariés.*) (*Voir la note au bas de la page*), et que, d'après la loi du 2 juillet 1862, il est exempt de la patente, bien qu'il ait une enseigne ou une boutique.

Il demande donc à jouir du bénéfice de la loi.

Cession d'établissement postérieure au 1ᵉʳ janvier.

Pièces à joindre :
(Voir n° **214.**)

Délai de réclamation :
(Voir n° **214.**)

225. Le soussigné, etc., a l'honneur de vous exposer qu'il a cédé son établissement au sᵣ (*nom et prénoms du cessionnaire*), à partir du   du mois d   de cette année, et qu'il n'exerce plus aucune profession imposable.

Il demande le transfert des droits de patente à son successeur, à dater de l'époque susindiquée.

____

(1) Toutefois, s'il s'agit d'un exploitant de carrières ou d'une profession où le nombre des ouvriers entre comme élément dans l'assiette du droit fixe, la femme et les enfants non-mariés sont considérés comme ouvriers, du moment qu'ils sont employés comme tels.

**Cas où un patentable, imposable au droit fixe en raison
du nombre des ouvriers ou des métiers, n'en emploie
pas constamment le même nombre.**

Pièces à joindre :   Délai de réclamation :
(Voir n° 214.)   (Voir n° 214.)

226. Le soussigné, etc., exploitant de carrières (*ou de
tourbières, ou fabricant de tuiles ou de briques, ou fabricant
à métiers, etc.*), a l'honneur de vous exposer que c'est par
erreur qu'il est imposé au droit fixe de patente, à raison de
ouvriers (*ou de métiers*), attendu que, s'il est vrai qu'il
lui arrive dans certains moments d'en employer un pareil
nombre, le plus souvent aussi, il n'en a que   , et,
qu'en somme, le nombre moyen des ouvriers (*ou des métiers*)
par lui employés n'est pas de plus de

Il demande, en conséquence, une réduction sur le droit
fixe de sa patente.

**Cas où un patentable, imposable au droit fixe de
patente à raison du nombre des ouvriers, occupe des
ouvriers ayant plus de 65 ans ou moins de 16 ans.**

Pièces à joindre :   Délai de réclamation :
(Voir n° 214.)   (Voir n° 214.)

227. Le soussigné, etc., exploitant de carrières (*ou de
tourbières, ou fabricant de tuiles ou de briques, etc.*), a l'honneur de vous exposer qu'il est imposé au droit fixe de patente,
à raison de   ouvriers, qu'il occupe bien effectivement ce
nombre d'ouvriers, mais qu'il y en a parmi eux   (*dire le nombre*) qui ont plus de soixante-cinq ans et   (*dire le nombre*)
qui ont moins de seize ans.

Il demande donc, conformément à l'art. 10 de la loi du
4 juin 1858, une réduction de la moitié du droit fixe, en ce
qui concerne ces derniers ouvriers.

Fabricants à métiers, à façon, occupant moins de dix métiers réunis ou disséminés.

Pièces à joindre : Délai de réclamation :
(Voir n° 214.) (Voir n° 214.)

228. Le soussigné, etc., imposé à la patente, en qualité de fabricant à métiers, à façon, pour (*indiquer le nombre de métiers*), a l'honneur de vous exposer qu'il n'en occupe que (*indiquer le nombre*), et que, par conséquent, conformément à l'article 13 de la loi du 10 juin 1853, il doit être exempté de la patente.

Il demande la décharge de celle qui lui a été indûment appliquée.

Valeur locative exagérée.

Pièces à joindre : Délai de réclamation :
(Voir n° 214.) (Voir n° 214.)

229. Le soussigné, etc., a l'honneur de vous exposer que la valeur locative de 500 fr., qui sert de base au droit proportionnel de sa patente, est exagérée, attendu que son loyer n'est que de 400 fr., ainsi qu'il peut en justifier ; (*ou attendu que les locaux qu'il occupe ne pourraient pas être loués plus de 400 fr., ou bien encore attendu que, si le prix de son bail est en effet de 500 fr., il sous-loue une partie de sa location à raison de 100 fr., ce qui réduit le chiffre de son loyer à 400 fr.*).

Il demande, en conséquence, une réduction sur les droits de patente.

Patentable obéré ou peu aisé, dont l'usine a chômé par cas fortuit, ou qui n'a pas pu se livrer à l'exercice de sa profession, par suite de maladie, ou qui a fait dans le courant de l'année des pertes sensibles.

Pièces à joindre : Délai de réclamation :
(Voir n° 214.) (Il n'y en a pas, à la condition de réclamer dans le courant de l'exercice. Le plus tôt est le mieux.)

230. Le soussigné, etc., a l'honneur de vous exposer que, par suite d'une sécheresse exceptionnelle (*ou d'une autre cause qu'on indiquera*); son usine n'a pas fonctionné depuis le jusqu'à ; (*ou a l'honneur de vous exposer que par suite de maladie il a été dans l'impossibilité de se livrer à l'exercice de sa profession depuis le jusqu'à ou encore qu'il a éprouvé des pertes sensibles, et, alors, indiquer dans quelle circonstance*).

Il vous prie, Monsieur le Sous-Préfet, de prendre en considération sa nombreuse famille et son peu de ressources, et de lui faire accorder la remise (*ou une modération*) des droits de patente auxquels il est imposé, en qualité de (*indiquer la profession*).

TAXE DE PRESTATION.

Changement de résidence antérieur au 1er janvier.

Pièces à joindre :	Délai de réclamation :
(Voir n° 214.)	Du 1er janvier dernier.
	(Voir n° 214.)

231. Le soussigné, etc., a l'honneur de vous exposer qu'il est indûment imposé à la taxe de prestation, dans la commune de , attendu qu'il a quitté cette commune le 31 décembre dernier, et qu'il n'y a conservé aucun établissement.

Il demande la décharge de la susdite taxe.

Prestataire âgé de plus de 60 ans.

Pièces à joindre :	Délai de réclamation :
1° L'avertissement;	(Voir n° 214.)
2° Quittance des termes échus;	
3° Extrait de naissance ou simplement un certificat du maire du lieu de la naissance.	

232. Le soussigné, etc., a l'honneur de vous exposer qu'il est né le du mois de de l'année , ainsi que le constate l'extrait ci-joint de son acte de naissance, (*ou simplement le certificat ci-joint du maire de la commune*), et que, par conséquent, il avait atteint sa soixantième année, avant le 1er janvier dernier ;

Il demande la décharge des   journées d'homme pour lesquelles il est indûment imposé au rôle de prestation de la commune de

Membre de la famille ou serviteur ayant plus de 60 ans ou moins de 18 ans.

Pièces à joindre :   Délai de réclamation :
(Voir n° 232.)   (Voir n° 214.)

233. Le soussigné, etc., a l'honneur de vous exposer que son fils (*ou l'un de ses fils, ou son neveu, ou son père, ou son frère ou l'un de ses frères, ou son serviteur ou l'un de ses serviteurs*), pour lequel il est imposé à la taxe de prestation, est né le   du mois d   de l'année   , ainsi que le constate le certificat ci-joint, et que, par conséquent il n'avait pas atteint sa dix-huitième (*ou il avait atteint sa soixantième*) année, à l'époque du 1er janvier dernier.

Il demande donc une réduction de   journées de prestation.

Cultivateur ou chef d'établissement quelconque, indûment imposé pour un serviteur, attendu qu'il n'emploie que des hommes à la journée ou à la tâche.

Pièces à joindre :   Délai de réclamation :
(Voir n° 214.)   (Voir n° 214.)

234. Le soussigné, etc., a l'honneur de vous exposer qu'il est indûment imposé à la prestation pour un serviteur, attendu qu'il n'occupe que des hommes à la journée (*ou à la tâche, ou attendu qu'il n'a de serviteur que pendant une époque de l'année, pendant les grands travaux*) ;

Il demande donc la décharge de la somme de   afférente à   journées d'homme

Cheval (*ou autre bête*) **mort ou vendu avant le 1er janvier.**

Pièces à joindre :　　　　　　　　　　Délai de réclamation :
(Voir n° 214.)　　　　　　　　　　　　(Voir n° 214.)

235. Le soussigné, etc., a l'honneur de vous exposer que le cheval pour lequel (*ou l'un des chevaux pour lesquels*) il est imposé à la taxe de prestation est mort (*ou a été vendu*) le 31 décembre dernier.

Il demande donc la décharge de la somme de　　　　　afférente à　　journées de cheval (*et de voiture, s'il y a une voiture qui, par suite de la vente ou de la mort du cheval, a cessé d'être attelée*).

TAXE SUR LES CHIENS.

Chien indûment compris dans le rôle.

Pièces à joindre :　　　　　　　　　　Délai de réclamation :
(Voir n° 214.)　　　　　　　　　　　　(Voir n° 214.)

236. Le soussigné, etc., a l'honneur de vous exposer que c'est par erreur qu'il a été taxé pour un chien non déclaré, attendu qu'il n'en est possesseur que depuis le 2 janvier dernier.

Il demande donc la décharge de la triple taxe à laquelle il a été indûment imposé.

Chiens taxés dans deux communes.

Pièces à joindre.　　　　　　　　　　Délai de réclamation :
(Voir n° 214.)　　　　　　　　　　　　(Voir n° 214.)

237. Le soussigné, etc., a l'honneur de vous exposer qu'il possède　　　　chiens qui gîtent habituellement et se trouvaient notamment, à l'époque du 1er janvier dernier, dans la commune de   dans laquelle il chasse (*ou dans laquelle il garde des troupeaux*); qu'il a été imposé dans ladite commune, en vertu de sa déclaration.

Que, néanmoins, il a été taxé pour les mêmes chiens dans la commune de   où il a son domicile, et où il n'y avait pas lieu de l'imposer, car ses chiens ne l'y suivent jamais (*ou ne l'y suivent qu'accidentellement, ou temporairement, pendant trois ou quatre mois de l'année*).

Il demande donc la décharge de la triple taxe dont il a été frappé dans cette dernière commune.

Chien de deuxième catégorie imposé à la première.

Pièces à joindre :   Délai de réclamation :
(Voir n° 214.)   (Voir n° 214.)

228. Le soussigné, etc., à l'honneur de vous exposer que c'est sans doute par erreur qu'il a été taxé, contrairement à sa déclaration, pour un chien de la 1re catégorie, attendu que son chien est consacré à la garde de son magasin de (*indiquer la nature du commerce*) (*ou, à la garde de son habitation qui se trouve isolée au milieu des champs (ou près d'une forêt), ou à la garde de sa personne, car, par la nature de sa profession qui est celle de   il est obligé de fréquenter les lieux écartés (ou de voyager la nuit*).

Or, comme la destination de son chien pour la garde est exclusive, c'est-à-dire, qu'il ne le laisse pas circuler librement dans les appartements ni dans les rues; qu'il n'en est point accompagné dans ses promenades, il demande que sa taxe soit réduite de la somme de   afférente aux chiens de la 2e catégorie.

(Voir n° 214.)   (Voir n° 214.)

POIDS ET MESURES.

Profession non comprise dans le tableau des professions assujetties à la taxe.

Pièces à joindre :
(Néant.)

Délai de réclamation :
(Voir nº 214.)

239. Le soussigné, etc., a l'honneur de vous exposer que c'est par erreur qu'il est assujetti aux droits de vérification des poids et mesures, attendu que sa profession n'est pas relatée dans le tableau des professions assujetties à ce droit par l'arrêté de M. le Préfet, en date du   (1).

Il demande donc la décharge de la taxe.

Profession taxée pour un assortiment de poids et mesures supérieur au minimum fixé par l'arrêté du préfet.

Pièces à joindre :
(Néant.)

Délai de réclamation :
(Voir nº 214.)

240. Le soussigné, etc., a l'honneur de vous exposer qu'il a été taxé pour un droit de vérification des poids et mesures supérieur à celui qui est applicable au minimum d'assortiment fixé pour sa profession dans le tableau annexé à l'arrêté préfectoral, en date du   (*Voir la note ci-dessous*).

Il demande donc une réduction de taxe.

---

(1) L'arrêté du préfet et le tableau y annexé se trouvent dans toutes les mairies au Recueil des actes administratifs de la préfecture.

FIN.

POIDS ET MESURES

Profession non comprise dans le tableau des professions assujetties à la taxe.

Timbre à 0 fr. 60   *(délai de réclamation)*
                                        (Voyez série.)

430. Le soussigné, etc., a l'honneur de vous exposer qu'il
doit par erreur (ou le cas échéant) aux droits de répartition
des poids et mesures, attendu que sa profession n'est pas inscrite dans le tableau des professions assujetties à ce droit par
l'arrêté de M. le Préfet, en date du... (1)...

Il demande donc le dégrèvement de la taxe.

**Profession taxée pour un assortiment de poids et
mesures supérieur au minimum fixé par l'arrêté du
préfet.**

Timbre à 0 fr. 60   *(délai de réclamation)*
                                        (Voyez série.)

440. Le soussigné, etc., a l'honneur de vous exposer qu'il
a été taxé pour un droit de vérification des poids et mesures supérieur à celui qui est applicable au minimum d'assortiment fixé pour sa profession dans le tableau annexé à l'arrêté préfectoral, en date du... (Voyez série ci-dessus).

Il demande donc une réduction de taxe.

TABLEAU A.

Tarif général des Professions imposées, eu égard à la population.

CLASSES.	DROIT FIXE DANS LES COMMUNES.							
	Au-dessus de 100,000 âmes.	De 50,001 à 100,000 âmes.	De 30,001 à 50,000 âmes.	De 20,001 à 30,000 âmes.	De 10,001 à 20,000 âmes.	De 5,001 à 10,000 âmes.	De 2,001 à 5,000 âmes.	De 2,000 âmes et au-dessous.
	fr.	fr.	fr.	fr.	fr.	fr.	fr.	fr.
1re............	300	240	180	120	80	60	45	35
2e............	150	120	90	60	45	40	30	25
3e............	100	80	60	40	30	25	22	18
4e............	75	60	45	30	25	20	18	12
5e............	50	40	30	20	15	12	9	7
6e............	40	32	24	16	10	8	6	4
7e............	20	16	12	8	*8	*5	*4	*3
8e............	12	10	8	6	*5	*4	*3	*2

Le signe * veut dire exemption du droit proportionnel.

Sont réputés :

MARCHANDS EN GROS, ceux qui vendent habituellement aux autres marchands.

— EN DEMI-GROS, ceux qui vendent habituellement aux détaillants et aux consommateurs.

— EN DÉTAIL, ceux qui ne vendent habituellement qu'aux consommateurs.

(Lois des 25 avril 1844 et 18 mai 1850.)

NOMENCLATURE

DES

COMMERCES, INDUSTRIES ET PROFESSIONS,

Rangés dans l'ordre alphabétique par classe, pour les professions du tableau A, et par tableaux, pour les industries et commerces des tableaux B et C et pour les professions du tableau D.

TABLEAU A.

Professions comprises dans la 1re classe.

Droit proportionnel au 15e.

Aiguilles à coudre et à tricoter (marchand d') en gros. *Bas* et bonneterie (marchand de) en gros. — *Beurre* frais ou salé (marchand de), en gros. — *Blondes* (marchand de), en gros. *Bois* à brûler (1) (marchand de); celui qui, ayant chantier ou magasin, vend au stère ou par quantité équivalente ou supérieure. *Bois* de marine ou de construction (2) (marchand de). *Bois* de sciage (3) (marchand de), en gros. *Bois* merrains (4) (marchand de), en gros, s'il vend par bateau ou charrette. *Bronzes*, dorures et argentures sur métaux (marchand de), en gros. *Cachemires* de l'Inde (marchand de). — *Caisse* d'escompte (tenant). — *Caisse* ou comptoir d'avances ou de prêts (tenant). — *Caisse* ou comptoir de recettes ou de payement (tenant). *Châles* (marchand de), en gros. — *Changeur* de monnaies.

Chapeaux de feutre, de soie ou de paille (march. de), en gros. *Chapellerie* (marchand de matières premières pour la). *Charbon* de bois (march. de), en gros. *Chiffonnier* (march., en gros); celui qui a magasin et vend habituellement par quantités excédant 2,000 kilogr. *Cloutier* (march.) en gros. — Coton en laine (march. de), en gros. — Coton filé (march. de), en gros. — Coutellerie (march. de), en gros. — Crin frisé (march. de), en gros. — Cristaux (march. de), en gros. — Cuirs tannés, corroyés, lissés, vernissés, (march. de), en gros. — Cuirs en vert étrangers (march. de), en gros. *Denrées* coloniales (march. de), en gros. — Dentelles (fab. de), en gros (a). — Dentelles (march. de), en gros. — Diamants et pierres fines (march. de). — Droguiste (march. en gros). *Eaux-de-vie* (march. d'), en gros. — Epiceries (march. d'), en gros. — Epingles (march. d'), en gros. — Escompteur. *Faïence* (march. de), en gros. — Fanons ou barbes de baleines (march. de), en gros. — Fer en barre (march. de), en gros; celui qui vend habituellement par parties d'au moins 500 kilogr. — Fleurets et filoselle (mar-

---

(1) Droit proportionnel au 30e sur l'établissement.

(2) Droit proportionnel au 30e sur l'établissement.

(3) Droit proportionnel au 30e sur l'établissement.

(4) Droit proportionnel au 30e sur l'établissement

(a) Même observation que pour les fabricants de broderies. Voir au bas de la page 146.

chand de), en gros. — Fromages secs (march. de), en gros. — Fruits secs (march. de), en gros.

Graines fourragères, oléagineuses et autres (march. de), en gros; celui qui vend par quantités équivalentes à 10 hectolitres et au-dessus.

Horlogerie (march. de pièces d'), en gros.

Huiles (march. d'), en gros (1).

Inhumation et pompes funèbres (entreprise des) dans les autres villes que Paris.

Laine brute ou lavée (march. de), en gros. — Laine filée ou peignée (marchand de), en gros. — Lait (march. expéditeur de). — Liège brut (marchand de), en gros. — Lin ou chanvre brut ou filé (march. de), en gros.

Liqueurs (march. de), en gros.

Merceries (marchand de), en gros. — Métaux autres que l'or, l'argent, le fer en barres et la fonte (marchand de), en gros. — Miel et cire brute (marchand expéditeur de). — Mine de plomb (marchand de), en gros.

OEufs ou volailles (march. expéditeur d'). — Os pour la fabrication du noir animal (march. d') en gros.

Papetier (march. en gros). — Parfumeur (march. en gros). — Pastel (march. de), en gros. — Peaussier (march. en gros). — Pelleteries et fourrures (march. de), en gros. — Pendules et bronzes (march. de), en gros. — Pierres fines (march. de), en gros. — Planches (march. de), en gros.

— Plume et duvet (march. de), en gros. — Poisson salé, mariné, sec et fumé (march. de), en gros. — Porcelaine (march. de), en gros.

Quincaillerie (march. de), en gros.

Résine et autres matières analogues (march. de), en gros. — Rogues ou œufs de morue (march. de), en gros. — Rouge végétal (march. de), en gros. — Rubans pour modes (march. de), en gros.

Safran (march. de), en gros. — Sangsues (march. de), en gros. — Savon (march. de) en gros. — Sel (march. de), en gros. — Soie (march. de), en gros. — Soies de porc ou de sanglier (march. de), en gros. — Soufre (marchand de) en gros. — Sucre brut et raffiné (march. de), en gros. — Suif fondu (march. de), en gros.

Tabac (march. de), en gros, dans le département de la Corse. — Tabac en feuilles (march. de). — Teinture (march. en gros de matières premières pour la). — Thé (march. de), en gros. — Tissus de laine, de fil, de coton, de soie ou de crin (march. de), en gros.

Ventes à l'encan (directeur d'un établissement de). — Verres blancs et cristaux (march. de), en gros. — Vinaigre (march. de), en gros. — Vins (march. de), en gros (1); est considéré comme tel même celui qui ne vend qu'aux consommateurs des vins fins, par pièces ou paniers.

2e classe.

Le taux du droit proportionnel est du 20e de la valeur locative tant de l'habitation que des établissements des patentablés exerçant les professions des 2e, 3e, 4e, 5e et 6e classes.

Abattoir public (concessionnaire ou fermier d'). — Aiguilles à coudre et à tricoter (march. de), en demi-gros.

Beurre frais ou salé (march. de), en demi-gros. — Bijoutier (marchand fabricant), ayant atelier et magasin. — Blondes (march. de), en demi-gros. — Bois à brûler (march. de); celui qui, n'ayant ni chantier ni magasin, vend sur bateu aou sur les ports, au stère ou par quantité équivalente ou supérieure. — Bois de teinture (march. de), en demi-gros. — Bronzes, dorures et argentures sur métaux (march. de), en demi-gros.

Carrossier (fab.) — Chapeaux de feutre, de soie ou de paille (march. de), en demi-gros. — Charbon de terre épuré ou non (march. de), en gros; celui qui vend habituellement par voiture de 1,000 kilogrammes et et au-dessus. — Cloutier (march.), en demi-gros. — Condition pour les soies (entrepreneur ou fermier d'une). — Coton filé (march. de), en demi-gros. — Coutellerie (mar. de), en demi-gros. — Crin frisé (march. de), en demi-gros. — Cristaux (march. de), en demi-gros.

Dentelles (march. de), en demi-gros. —

---

(1) Droit proportionnel au 30e sur l'établissement.

(1) Droit proportionnel au 30e sur l'établissement.

Dentelles (fab. de), en demi-gros (M). Diorama, panorama, néorama, géorama (directeur de) (1) — Droguiste (march.), en demi-gros.

Eaux-de-vie (march. d'), en demi-gros. — Entrepôt (concessionnaire, exploitant ou fermier des droits d'emmagasinage dans un) (2). — Entreprise générale du balayage, de l'arrosage ou de l'enlèvement des boues. — Epiceries (march. d'), en demi-gros. — Epingles (march. d'), en demi-gros.

Fanons ou barbes de baleine (march. de), en demi-gros. — Fleurets et filoselle (march. de), en demi-gros.

Huiles (march. d'), en demi-gros.

Joaillier (fab. et march.), ayant atelier et magasin.

Laine filée ou peignée (march. de), en demi-gros. — Lin ou chanvre brut ou filé (march. de), en demi-gros.

Merceries (march. de), en demi-gros. — Métaux (march. en demi-gros de), autres que l'or, l'argent le fer en barres, la fonte.

Nouveautés (march. de), n'occupant pas plus de cinq personnes préposées à la vente.

Or et argent (march. d'). — Orfévre (march. fab.), avec atelier et magasin.

Papetier (march.) en demi-gros. — Parfumeur (march.), en demi-gros. — Porcelaine (march. de), en demi-gros.

Quincaillier en demi-gros.

Rubans pour modes (march. de), en demi-gros.

Savon (march. de), en demi-gros.

Sel (march. de), en demi-gros. — Serrurerie (march. expéditeur d'objets de). — Soie (march. de), en demi-gros. — Soies de porc ou de sanglier (march. de), en demi-gros. — Soufre (march. de), en demi-gros. — Sucre brut et raffiné (march. de), en demi-gros. — Suif fondu march. de), en demi-gros.

Tabletterie (march. expéditeur de). — Thé (march. de), en demi-gros. — Tissus de laine, de fil, de coton, de soie ou de crin (march. de), en demi-gros.

Verres blancs et cristaux (march. de), en demi-gros. — Verroterie et gobeleterie (march. de), en demi-gros.

3e classe.

Taux du droit proportionnel au 20e sur l'habitation et l'établissement.

Affineur d'or, d'argent ou de platine. — Agréeur. — Ardoises (march. d'), en gros; celui qui expédie par bateaux ou voitures.

Bâtiments (entrepreneur de). — Bazar de voitures (tenant). — Bière (entrepositaire ou march. en gros de). — Bijoutier (march.), n'ayant point d'atelier. — Bimbelotier (march.), en gros. — Bœufs (march. de). — Bois de sciage (march. de); si, ayant chantier ou magasin, il ne vend qu'aux menuisiers, ébénistes, charpentiers et aux particuliers. — Bois d'ébénisterie (march. de). — Bois en grume ou de charronnage (mar. de). — Bouchons (march. de), en gros. — Broderies (fab. et marchand), en gros (K).

Caractères d'imprimerie (fondeur de). — Carton ou carton-pierre (marchand, fab. d'ornements en pâte de). — Châles (march. de), en détail. — Chardons pour le cardage (march. de), en gros. — Chocolat (march. de), en gros. — Chocolat (fab. de), avec machine à vapeur ou ouvriers. — Cidre (march. de), en gros. — Cirage ou encaustique (fab. de), avec machine à vapeur ou ouvriers. — Comestibles (marchand de). — Confiseur. — Conserves alimentaires (march. de). — Coraux (préparateur de). — Coraux bruts (march. de). — Cuirs en vert du pays (march. de), en gros.

Déménagements (entrepreneur de), s'il a plusieurs voitures. — Dentelles (entrepreneur de fabrication de); celui qui, fournissant le fil, et moyennant un prix convenu, fait fabri-

(M) Même observation que pour les fabricants de dentelles en gros, page 144.

(1) Le droit proportionnel n'est dû que sur la maison d'habitation.

(K) Les fabricants de broderies sont imposés d'après les conditions du tableau A, même lorsqu'ils emploient plus de 10 personnes à la confection de la broderie. Ils ne sont imposables, d'après les conditions du tableau C, que dans le cas où ils ont des ateliers, des corps de fabrique ou des manufactures dans lesquels ils occupent de véritables ouvriers. (D. ad.)

(2) Le droit proportionnel n'est dû que sur la maison d'habitation.

-quer pour les maisons qui lui donnent des dessins. — Distillateur-liquoriste. — Droguiste (marchand), en détail. — *Eau* filtrée ou clarifiée et dépurée (entrepreneur d'un établissement d'). — Encre à écrire (fabricant marchand en gros d'). — Éponges (marchand d'), en gros. — Équipements militaires (marchand d'objets d'). — Essayeur pour le commerce. — *Fer* en meubles (marchand de). — Fondeur d'or et d'argent. — Fruits secs (marchand de), en demi-gros. — *Gantier* (marchand fabricant). — Glacier-limonadier. — *Harpes* (facteur et marchand de), ayant boutique ou magasin. — Horloger. — Hôtel garni (maître d'), tenant un restaurant à la carte. — Houblon (marchand de), en gros. — Hydromel (fabricant et marchand d'). — *Imprimeur-libraire.* — Imprimeur-typographe (1). — Imprimerie (marchand de presses, caractères et et ustensiles d'). — Instruments de musique (marchand expéditeur d'). — *Jambons* (marchand expéditeur de). — Joaillier (marchand), n'ayant point d'atelier. — *Lattes* (marchand de), en gros. — Libraire-éditeur. — Linger (fournisseur). — Liqueurs (fabricant de). — *Marbre* (marchand de), en gros. — Modes (marchand de). — *Nacre* brute (marchand de). — Navires (constructeur de). — *Orfèvre* (marchand), sans atelier.

Pacotilleur (Celui qui expédie par petites quantités dans les colonies ou à l'étranger des marchandises diverses, et qui reçoit en retour, soit de l'argent, soit des marchandises d'une autre nature). — Pâtissier expéditeur. — Pendules et bronzes (marchand de), en détail. — Pharmacien. — Pianos et clavecins (facteur et marchand en boutique de). — Plaqué ou doublé d'or et d'argent (fabricant et marchand d'objets en). — Plume et duvet (marchand de), en détail. — Plumes à écrire (marchand expéditeur de). — Poisson salé, mariné, sec et fumé (marchand de), en demi-gros. — *Restaurateur* à la carte. — *Saleur* de viandes. — Sarraux ou blouses (marchand de), en gros. — Sellier-carrossier. — Soie (marchand de), en détail. — Soudes végétales indigènes (marchand en gros de). — *Tabac* (marchand de), en demi-gros, dans le département de la Corse. — Tabletterie (marchand de matières premières pour la). — Tailleur (marchand), avec magasin d'étoffes. — Tapis de laine et tapisseries (marchand de). — Tissus de laine, de fil, de coton, de soie ou de crin (marchand de), en détail. — Tournerie de Saint-Claude (marchand expéditeur d'articles de). — Tourteaux (marchand de). — Traiteur, donnant à manger chez lui, ou portant en ville. — *Varech* (marchand de), en gros. — Voilier pour son compte.

4e classe.

Taux du droit proportionnel au 20e sur l'habitation et l'établissement.

Agent d'affaires. — Aiguilles à coudre et à tricoter (march. d'), en détail. — Alambics et autres grands vaisseaux en cuivre (fab. ou march. d'). — Amidon (march. d'), en gros. — Anchois (saleur d'). — Apparaux (maître d'). — Appréciateur au mont-de-piété. — Aubergiste. — *Balais* (march. expéd. de). — Baleines (march. de brins de). — Bas et bonneterie (march. de), en détail. —

Billards (fab. de), ayant magasin. — Billard (maître de). — Blondes (march. de), en détail. — Bois de teinture (march. de), en détail. — Boisselier (march.), en gros. — Bottier ou cordonnier (march.); celui qui tient magasin de chaussures. — Boucher (march.). — Boules à teinture (fab. de). — Brodeur sur étoffes en or et en argent. — Broderies (fab. et march. de), en demi-gros (a). — Bronzes, dorures et argentures sur métaux (march. de), en détail. — *Cafetier.* — Caoutchouc, gutta-percha

---

(1) Le droit proportionnel n'est que du 40e de la valeur locative, de l'établissement, pour l'imprimeur typographe employant des presses mécaniques.

(a) Même observation que celle portée au bas de la page précédente.

et autres matières semblables (fabricant ou marchand d'objets confectionnés ou d'étoffes garnies en). — Cartier (fabricant de cartes à jouer). — Cercles et sociétés littéraires (entrepreneur d'établissements pour les), celui qui fournit aux cercles le local chauffé et éclairé, ainsi que les journaux, revues, brochures et le mobilier de toute espèce qui leur est nécessaire. — Chapeaux de feutre, de soie ou de paille (fabricant de). — Charcutier. — Charpentier (entrepreneur, fournisseur). — Chasublier (marchand). — Chaudières en cuivre (fabricant de). — Chaussons de lisière (marchand de), en gros. — Chevaux (marchand de). — Cire à cacheter (fabricant de). — Cirier (marchand). — Cochons (marchand de). — Commissionnaire au mont-de-piété. — Cordier (fabricant de câbles et cordages pour la marine ou la navigation intérieure). — Cordonnier (voir bottier). — Corroyeur (marchand). — Coton filé (marchand de), en détail. — Cotrets sur bateaux (marchand de). — Couleurs et vernis (fabricant et marchand de). — Courses de chevaux (entrepreneur d'établissement pour les) (1). — Couverts et autres objets en fer battu ou étamé (fabricant et marchand de), en gros, par procédés ordinaires. — Couvertures de soie, bourre, laine et coton, etc. (march. de). — Couvreur (entrep.). — Crin frisé (march. de). — Cuirs tannés, corroyés, lissés, vernissés (march. de), en détail.

Décors et ornements d'architecture (march. de). — Dentelles (march. de). — Dentelles (fab. de), en détail(a). — Dorures et argentures sur métaux (fab. ou march. de), en détail. — Dorures pour passementeries (march. de).

Eaux minérales naturelles ou factices (march. d'). — Ecorces de bois pour tan (march. d'). — Encriers perfectionnés (siphoïde, pompe, etc.) (fab. ou march. d'). — Estaminet (maître d'). — Estampeur en or et en argent.

Facteur de denrées et marchandises (partout ailleurs qu'à Paris). —

Farines (marchand de), en gros. — Fécules (marchand de), en gros. — Fer en barres (marchand de), en détail; celui qui vend habituellement par quantités inférieures à 100 kilogrammes. — Fer vieux (marchand de), en gros. — Fils de chanvre ou de lin (marchand de), en détail. — Fonte ouvragée (marchand de). — Fosses mobiles inodores (entrepreneur de). — Fourreur. — Fromages de pâte grasse (marchand de), en gros. — Fromages secs (marchand de), en demi-gros.

Garde du commerce. — Graines fourragères, oléagineuses et autres (marchand de), en demi-gros; celui qui vend habituellement par sacs ou balles. — Grainetier-fleuriste (expéditeur). — Grains (marchand de), en gros. — Grains et farines (commissionnaire en). — Graveur sur cylindre.

Herboriste expéditeur. — Hongroyeur ou bongrieur. — Horlogerie (marchand de fournitures d'). — Hôtel garni (maître d') (1). — Houblon (marchand de), en demi-gros. — Huiles (marchand d'), en détail.

Instruments pour les sciences (facteurs et marchands d'), ayant boutique ou magasin.

Jardin public (tenant un) (2).

Laine brute ou lavée (marchand de), en détail. — Laine filée (march. de), en détail. — Laineur. — Lait (march. de), en gros. — Légumes secs (marchand de), en gros. — Limonadier non glacier. — Liqueurs (march. de), en détail. — Location d'immeubles (ent. de). — Lustres (fab. et mar. de).

Maçonnerie (entrepreneur de). — Maillechort et autres compositions métalliques (fabricant ou marchand en gros d'objets en). — Mandataire salarié pour l'administration des faillites. — Manège d'équitation (tenant un) (3). — Mâts (constructeur de). — Mécanicien. — Menuisier (entrepreneur). — Merceries (marchand de), en détail. — Métaux (marchand de) (autre que l'or, l'argent, le fer en barres et la fonte), en détail. — Meules de

---

(1) Le droit proportionnel n'est que du 40e sur l'établissement.

(a) Même observation que pour les marchands de dentelles en gros, page 144.

(1) Le droit proportionnel n'est que du 40e sur les locaux loués en garni.

(2) Le droit proportionnel n'est que du 40e sur l'établissement.

(3) Le droit proportionnel n'est que du 40e sur l'établissement

moulin (fabricant de). — Miel et *cire brute* (marchand non-expéditeur de). — Moutardier (marchand), en gros. — Moutons et agneaux (marchand de). — Mulets et mules (marchand de).

Nougat (fabricant expéditeur de).

Oranges, citrons (marchand d'), expéditeur. — Orgues d'églises (facteur d'). — Ornemantiste.

Papetier (marchand), en détail. — Pastel (marchand de), en détail. — Pâtissier non-expéditeur. — Peaussier (marchand), en détail. — Peaux en vert ou crues (marchand de). — Peinture (entrepreneur de), en bâtiments. — Pelleteries et fourrures (marchand de), en détail. — Pierre artificielle ou factice (fabricant d'objets en). — Plâtrier et plafonneur, entrepreneur. — Plieur d'étoffes. — Polytypage (fabricant de). — Pommes à cidre (marchand de), en gros. — Pommes de pin et d'autres arbres résineux (marchand de), en gros. — Pommes de terre (marchand de), en gros ; celui qui vend habituellement par quantité équivalente à 20 hectolitres et au-dessus. — Pompes à incendie (fabricant de). — Poterie (marchand de), en gros. — Presseur de poisson de mer. — Presseur de sardines.

Quincaillier en détail.

Receveur de rentes. — Registres (fabricant de). — Représentant du commerce. — Restaurateur et traiteur à la carte et à prix fixe. — Rubans pour modes (marchand de), en détail.

Sabots (marchand de), en gros. — Sabotier (fabricant expéditeur). — Safran (marchand de safran), en demi-gros. — Sangsues (marchand de), en demi-gros. — Sécheur de morue. — Serrurier entrepreneur. — Serrurier mécanicien. — Serrurier en voitures suspendues. — Sondes (fabricant de grandes). — Suif en branches (marchand de). — Suif fondu (marchand de), en détail.

Tapissier (marchand). — Thé (marchand de), en détail. — Tôle vernie (fabricant d'ouvrages en). — Tonneaux, barriques, etc. (fabricant de), pour expéditions maritimes ou commerciales. — Tourbe (marchand de), en gros. — Truffes (marchand de). — Tulles (marchand de), en détail. — Tuyaux en fil de chanvre, en ciment, etc., pour les pompes à incendie et les arrosements (fabricant de).

Vaches ou veaux (marchand de). — Vanneries (marchand expéditeur de). — Verres à vitres (marchand de). — Vinaigrier en détail. — Vins (marchand de), en détail. — Vins (voiturier marchand de). — Voiturier (marchand de sel). — Volailles truffées (marchand de).

5e classe.

Taux du droit proportionnel au 20e sur l'habitation et l'établissement.

Accouchement (chef de maison d') (1). — Acier poli (fabricant d'objets en), pour son compte. — Affineur de métaux autres que l'or, l'argent et le platine. — Agrafes (fabricant d'), par les procédés ordinaires, pour son compte. — Agréeur, dégustateur ou inspecteur des eaux-de-vie. — Albâtre (fabricant ou marchand d'objets en). — Almanachs ou annuaires (éditeur propriétaire d'). — Appareils et ustensiles pour l'éclairage au gaz (fabricant d'). — Apprêteur de chapeaux de paille. — Apprêteur d'étoffes pour les particuliers. — Armurier. — Aubergiste ne logeant qu'à pied ou à cheval.

Bains publics et douches (entrep. de) (1). — Balancier (march.). — Bals publics (entrepreneur de). — Bijoutier (fabricant), pour son compte, sans magasin. — Bijoux en faux (marchand de). — Blanchisseur de toiles et fils pour les particuliers. — Blatier avec voiture. — Bois à brûler (marchand de) ; celui qui, n'ayant ni magasin, ni chantier, ni bateau, vend par voiture au domicile des consommateurs. — Bois à brûler (marchand de) ; celui qui, n'ayant ni magasin, ni chantier, ni bateau, vend par voiture au domi-

---

(1) Le droit proportionnel n'est que du 40e sur les locaux servant à l'exercice de la profession.

(1) Le droit proportionnel n'est que du 40e sur l'établissement.

elle du consommateur le bois tiré directement de la coupe dont il n'est pas adjudicataire. — Bois de bateaux (marchand de). — Bois de boissellerie (marchand de). — Bois de volige (marchand de). — Bois feuillard (marchand de). — Boîtes et bijoux à musique (fabricant de) pour son compte. — Boîtes de pendules en zinc doré ou bronzé (fabricant ou marchand de). — Boucher à la cheville. — Bouclerie (fabricant de), pour son compte. — Bougies (marchand de). — Boulanger. — Bouteilles de verre (marchand de). — Boutons de métal, corne, cuir bouilli, etc. (fabricant de), pour son compte. — Brocanteur en boutique ou magasin. — Broches et cannelets pour la filature (fabricant de), pour son compte. — Broderies (fab. et march. de), en détail (a). — Bureau de distribution d'imprimés, de cartes de visites, annonces, etc. (entrepreneur d'un). — Bureau d'indication et de placement (tenant un).

Cabaretier et marchand de bière ou de cidre en détail ayant billard. — Calandreur d'étoffes neuves. — Caractères mobiles en métal (fab. de). — Carrossier-raccommodeur. — Cartonnage fin (fab. et march. de). — Cercles ou sociétés (fourn. d'objets de consommation dans les) (1). — Chandelles (march. de), en détail. — Chapeaux de paille (march. de), en détail. — Chapelier en fin. — Chapellerie (march. de fournitures pour la). — Charbon de bois (march. de), en demi-gros. — Charbon de terre épuré ou non (march. de), en demi-gros; celui qui vend habituellement aux détaillants et aux consommateurs par quantités inférieures à 1,000 kilog. — Chasse (march. d'ustensiles de). — Chaudronnier (march.). — Cheminées dites économiques (fab. et march. de). — Chevaux (loueur de). — Chevaux (tenant pension de). — Chevaux (march. de). — Chiffonnier (march.), en demi-gros; celui qui, avec ou sans magasin, vend habituellement par quantités de 1,000 à 2,000 kil. — Chocolat (march. de), en détail. —

Cloches de toutes dimensions (marchand de). — Cloutier (marchand), en détail. — Coffretier-malletier, en cuir. — Colle solide ou en poudre pour la clarification des vins et liqueurs (fabricant de). — Colleur d'étoffes. — Cornes brutes (marchand de). — Coutelier (marchand), en détail. — Crémier-glacier. — Crics (fabricant et marchand de). — Crin frisé (apprêteur de). — Cristaux (marchand de), en détail. — Culottier en peau (marchand). — Curiosité (marchand en boutique d'objets de). — Cylindres pour filature (tourneur et couvreur de).

Décatisseur. — Déchireur ou dépeceur de bateaux. — Dents et râteliers artificiels (fabricant ou marchand de). — Dés à coudre en métal autres que l'or et l'argent (fabricant de), pour son compte. — Distillateur d'essences et eaux parfumées et médicinales.

Eau-de-vie (marchand d'), en détail. — Ébéniste (marchand), ayant boutique ou magasin. — Éclairage à l'huile pour le compte des particuliers (entrepreneur d'). — Emplacement pour dépôt de marchandises (exploitant un). — Éperonnier pour son compte. — Épicier, en détail. — Éponges (marchand d'), en détail. — Équipage (maître d'). — Étain (fabricant de feuilles d'). — Étriers (fabricant d'), pour son compte. — Étrilles (fabricant d'), pour son compte.

Ferblantier-lampiste. — Ferronnier. — Fleurs artificielles (fabricant et marchand de). — Fondeur en fer, en bronze ou en cuivre (avec des creusets ordinaires). — Forces (fabricant de), pour son compte. — Forgeron de petites pièces (canons, platines). — Fourrages (marchand de), par bateaux, charrettes ou voitures. — Frangier (marchand).

Galonnier (marchand). — Gantier (marchand). — Glaces (marchand de) (miroitier). — Glacier. — Gymnase (maître de) (1).

Instruments de chirurgie en métal (fabricant et marchand d'). — Ivoire (marchand d'objets en).

Jaugeur juré pour les liquides. — Jeu de paume (maître de) (2). — Joail-

---

(a) Même observation que celle portée au bas de la page 146.
(1) Le droit n'est dû que pour l'habitation seulement.

(1) Le droit proportionnel n'est que du 40e sur l'établissement.
(2) Le droit proportionnel n'est que du 40e sur l'établissement.

lier (fabricant), pour son compte.

Lampiste. — Lapidaire en pierres fausses (fabricant ou marchand), ayant boutique ou magasin. — Laveur de laines. — Layetier-emballeur. — Libraire. — Liége brut (marchand de), en détail. — Loueur de voitures suspendues. — Lunettier (marchand). — Lutherie (marchand de fournitures de). — Luthier (fabricant), pour son compte.

Magasinier (1). — Maréchal-expert. — Maroquinier, pour son compte. — Marrons ou châtaignes (marchand expéditeur de). — Mégissier, pour son compte. — Menuisier-mécanicien. — Métiers à bas (forgeur de), pour son compte. — Meubles (marchand de). — Meules à aiguiser (fabricant et marchand de). — Meules de moulin (marchand de). — Mine de plomb (marchand de), en détail. — Minerai de fer (marchand de), ayant magasin. — Miroitier. — Modiste. — Monteur d'agrès et de manœuvres de navires. — Monteur de boîtes de montre, pour son compte. — Monuments funèbres (entrepreneur de). — Moulures (fabricant de), pour son compte. — Moulures (marchand de), en boutique. — Musique (marchand de).

Nacre de perles (fabricant d'objets en), pour son compte. — Nacre de perles (marchand d'objets en). — Natation (tenant une école de) (2).

Orfèvre (fabricant), pour son compte. — Orgues portatives (facteur d'), pour son compte. — Osier (marchand d'), vendant par voiture ou par bateau.

Papier peint pour tentures (marchand de). — Papier ou taffetas préparés pour usages médicinaux (marchand de). — Parc aux charrettes (tenant un) (3). — Parfumeur (marchand), en détail. — Passementier (marchand). — Pavés (marchand de). — Peignes de soie (marchand de). — Peintre-vernisseur en voi-

tures ou équipages. — Perles fausses (marchand de). — Pierres brutes (marchand de). — Pierres lithographiques (marchand de). — Planches (marchand de), en détail. — Plombier. — Plumassier (fabricant et marchand). — Plumes à écrire (marchand de), non-expéditeur. — Poisson frais (marchand de), expéditeur ou vendant par fortes parties aux détaillants. — Pompes de métal (fabricant de). — Porcelaine (marchand de), en détail. — Poudrette (marchand de).

Relais (entrepreneur de), même lorsqu'il est maître de poste. — Résines et autres matières analogues (marchand de), en détail. — Restaurateur et traiteur à prix fixe seulement. — Rogues ou œufs de morue (marchand de), en détail. — Rôtisseur. — Rouge végétal (marchand de), en détail.

Saleur d'olives. — Sang (march. de). — Savon (march. de), en détail. — Seaux à incendie (fab. de). — Sellier-bourrelier. — Serrurier non-entrepreneur. — Soies de porc ou de sanglier (march. de), en détail. — Soufre (march. de), en détail. — Soufflets (fab. et march. de gros), pour les forgerons, bouchers, etc. — Sparterie pour modes (fab. de). — Sucre brut et raffiné (march. de), en détail.

Tableaux (marchand de). — Taffetas gommés ou cirés (marchand de). — Taillandier. — Tailleur (marchand), sans magasin d'étoffes, fournissant sur échantillons. — Tapis peints ou vernis (marchand de). — Tir au pistolet (maître de). — Toiles cirées ou vernies (marchand de). — Toiles métalliques (fabricant de), pour son compte. — Tôle vernie (marchand d'ouvrages en). — Traçons (maître de). — Tricots à l'aiguille (fabricant ou marchand de).

Ustensiles de chasse et de pêche (marchand d').

Vannier-emballeur pour les vins. — Verres blancs et cristaux (marchand de), en détail. — Vidange (entrepreneur de). — Vins (marchand de), en détail, donnant à boire chez lui et tenant billard. — Voilier-emballeur. — Voiturier ou roulier, ayant plusieurs équipages.

---

(1) Le droit proportionnel n'est que du 40e sur l'établissement.

(2) Le droit proportionnel n'est que du 40e sur l'établissement.

(3) Le droit proportionnel n'est que du 40e sur l'établissement.

6e classe.

Taux du droit proportionnel au 20e sur l'habitation et l'établissement.

Abeilles (marchand d'). — Affiches (entrepreneur de la pose et de la conservation des). — Agaric (marchand d'). — Agent dramatique. — Aiguilles, clefs et autres petits objets pour montres ou pendules (fabricant d'), pour son compte. — Allumettes chimiques (fabricant et marchand d'). — Amidon (marchand d'), en détail. — Anatomie (fabricant de pièces d'). — Anatomie (tenant un cabinet d'). — Anes (marchand d'). — Annonces et avis divers (entrepreneur d'insertions d'). — Appréciateur d'objets d'art. — Apprêteur de peaux. — Apprêteur de plumes, laines, duvet et autres objets de literie. — Ardoises (marchand d'), celui qui vend par millier aux maçons et entrepreneurs de bâtiments.—Arrimeur. — Arrosage (entreprise particulière d'). — Artificier. — Assortisseur (marchand de petits coupons d'étoffes).

Baies de genièvre (marchand de). — Bains de rivière en pleine eau, bains de mer ou à la lame (entrepreneur de) (1). — Balancier (fabricant), pour son compte. — Balançons (marchand de). — Balayage (entreprise partielle de). — Bandagiste. — Bardeaux (marchand de). — Baromètres (fabricant ou marchand de). — Barques, bateaux ou canots (constructeur de). — Bateaux à laver (exploitant de). — Batteur d'or et d'argent. — Baudruche (apprêteur de). — Beurre frais ou salé (marchand de), en détail. — Biberons (fabricant de), pour son compte. — Bière ou cidre (marchand de), en détail. — Bijoutier en faux (fabricant), pour son compte. — Billards (fabricant de), sans magasin. — Bisette (fabricant et marchand de). — Blanc de craie (fabricant et marchand de). — Blanchisseur de linge, ayant un établissement de buanderie. — Blatier avec bêtes de somme. — Bluteaux ou blutoirs (fabricant et marchand de). — Bois

merrains (marchand de), s'il ne vend qu'aux tonneliers et aux particuliers. — Boiseries (marchand de vieilles).—Boisselier (marchand), en détail. — Bombagiste. — Bombeur de verres. — Bossetier. — Bottier ou cordonnier travaillant sur commande. — Boucher en petit bétail. — Bouchonnier. — Bouchons (marchand de), en détail. — Boues (entreprise partielle de l'enlèvement des). — Bouilleur ou brûleur d'eau-de-vie. — Bouillon et bœuf cuit (marchand de).—Bourre de soie (marchand de). — Bourrelier. — Boyaudier. — Brasseur à façon. — Bretelles et jarretières (fabricant de), pour son compte. — Bretelles et jarretières (marchand de). — Briou (fabricant de). — Briques (marchand de). — Briquets phosphoriques et autres (fabricant de). — Brocanteur d'habits en boutique. — Brossier (fabricant), pour son compte. — Brossier (marchand). — Buffletier (marchand).— Buis ou racines de buis (marchand de). — Bustes et figures en plâtre ou en terre (mouleur ou marchand de).

Cabaretier. — Cabinet de lecture (tenant un). — Cabinets d'aisances publics (tenant). — Cadrans de montres ou de pendules (fabricant de), pour son compte. — Cadres pour glaces et tableaux (marchand de). — Café naturel et café de chicorée en poudre (marchand de). — Cafetières, bouillottes, marabouts (fabricant ou marchand de). — Caisses de tambour (facteur de). — Calfat (radoubeur de navires). — Cannelles et robinets en cuivre (fabricant de), pour son compte. — Cannes (marchand de), en boutique. — Cantinier, dans les prisons, hospices et autres établissements publics. — Caparaçonnier, pour son compte. — Capsules métalliques (fabricant de), pour boucher les bouteilles. — Cardes (fabricant de), par les procédés ordinaires, pour son compte. — Carreaux à carreler (marchand de). — Carrés de montres (fabricant de), pour son compte. — Cartes de géographie (marchand de). — Cartes à

---

(1) Le droit proportionnel, au 40e seulement, sur l'établissement.

Jouer (march. de). — Cartons pour bureaux et autres (fab. de), pour son compte. — Carton en feuilles (fab. de), pour son compte. — Carton en pâte ou en feuilles (march. de). — Casquettes, toques, bonnets carrés et autres (fab. ou march. de). — Cendres (laveur de). — Cercles ou cerceaux (march. de). — Chaînes de fil, laine ou coton, préparées pour la fabrication des tissus march. de). — Chaises fines (fab. et march. de). — Chamoiseur, pour son compte. — Chandeliers en fer et en cuivre (fab. de), pour son compte. — Chanvre (march. de), en détail. — Chapelier en grosse chapellerie. — Chacutier revendeur. —Chargement et déchargement des bateaux des navires et des voitures de chemin de fer (entrepreneur du). —Charpentier. — Charrée, cendres noires et autres amendements analogues (march. de) (1). — Charron. — Châsses de lunettes (fab. de), pour son compte. — Chaussons autres qu'en lisière (fab. de). — Chaux (march. de). — Chef de ponts et pertuis. — Chocolat (fab. de), n'employant ni machine à vapeur, ni ouvriers. — Cimentier (march.). — Ciseleur. — Clinquant (fab. de), pour son compte. — Cloches (fondeur de), sans boutique ni magasin. — Clochettes fondeur de). — Coffretier-malletier en bois. — Coiffeur. — Cols, collets et rabats (fab. de), pour son compte. — Cols, collets et rabats (march. de). — Combustibles (march. de), en boutique. — Commissionnaires porteurs pour les fabricants de tissus. — Commissionnaire accrédité près la douane. — Coquetier avec voiture. — Cordes harmoniques (fab. de), pour son compte. — Cordes métalliques (fab. de), pour son compte. — Cordier (march.) — Corne (apprêteur de), pour son compte. — Corne (fab. de feuilles transparentes de), pour son compte. — Corsets (fab. et march. de). — Cosmorama (directeur de). — Costumier. — Coupeur de poils (marchand), pour son compte. — Courtier-gourmet-piqueur de vins. — Courtier en soie. — Courtier en essences. — Couturière (march.) — Couverts et autres objets en fer

battu ou étamé (fab. et march. de), en détail. — Couvreur (maître). — Crayons (march. de). — Crépins (march. de). — Crinières (fab. de), pour son compte. — Crins plats (march. de). — Cuir bouilli et verni (fab. ou march. d'objets en). — Cuirs et pierres à rasoirs (fab. et march. de). — Cuivre de navires (march. de vieux).

Dalles (march. de). — Damasquineur. — Découpoirs (fab. de), pour son compte. — Déménagements (entrepreneur de), s'il a une seule voiture. — Dentelles (facteur de). — Dépeceur de voitures. — Dessinateur pour fabrique. — Dessinateur de parcs et jardins. — Diamants pour vitriers et miroitiers (monteur de), pour son compte. — Doreur, argenteur et applicateur d'autres métaux que l'or et l'argent. — Doreur sur bois. — Drainage (entrepreneur de). — Drèche ou marc de l'orge qui a servi à faire la bière (march. de).

Ebéniste (fab.), pour son compte, sans magasin. — Ecrans (fab. d'), pour son compte. — Emailleur, pour son compte. — Emballeur non-layetier. — Encre à écrire (fab. et march. d'), en détail. — Enduit contre l'oxydation (applicateur d'). — Enjoliveur (march.). — Enlaceur de cartons. — Epingles (fab. d'), par les procédés ordinaires. — Essayeur de soie. — Estampes et gravures (march. d'). — Etameur de glaces. —Eventailliste (march. fab.), ayant boutique ou magasin.

Facteur de fabrique. — Fagots et bourrées (march. de), vendant par voiture. — Faïence (march. de). — Farines (march. de), en détail. — Fécules (march. de), en détail. — Ferblantier. — Feuilles de cuivre imitant l'or battu (march. de). — Feutre (fab. et march. de), pour la papeterie, le doublage des navires, plateaux, vernis, etc. — Filagraniste. — Filasse de nerfs (fab. de), pour son compte. — Filets pour la pêche, la chasse, etc. (fab. de). — Fileur (entrepreneur). — Filotier. Fleurs artificielles (march. d'apprêts et papiers pour). — Fleurs d'oranger (march. de). — Fondeur d'étain, de plomb ou fonte de chasse. — Fontaines à filtrer (fabricant et march. de). — Force motrice (loueur de). — Forgeron. — Formaire (pour la fabrication du papier), pour son compte. — Fouleur de bas et autres articles de bonneterie. — Fou-

---

(1) On appelle chârrée les cendres lessivées qu'on emploie à l'amendement des terres.

— 154 —

leur de feutre pour les chapeliers. —Fourbisseur (marchand). — Fournaliste, — Fourneaux potagers (fabricant et marchand de). — Fourrage (débitant de), à la botte ou en petite partie, au poids. — Fripier. — Fromages de pâte grasse (marchand de), en détail. — Fromages secs (marchand de), en détail. — Fruits secs pour boissons (marchand de), en détail. — Fumiste.

Garde-robes inodores (fabricant et marchand de). — Gibernes (fabricant de), pour son compte. — Glace (eau congelée) (marchand de). — Globes terrestres et célestes (fabricant et marchand de). — Gommeur d'étoffes. — Graine de moutarde blanche (marchand de). — Grains et graines (marchand de), en détail. — Graine de vers à soie (marchand de). — Grainetier-fleuriste, en détail. — Graveur sur métaux (fabricant les timbres secs et gravant sur bijoux. — Grue (maître de).

Harpes (facteur de), n'ayant ni boutique ni magasin. — Herboriste-droguiste. — Histoire naturelle (marchand d'objets d'). — Horloger-rhabilleur (marchand). — Horlogerie (fabricant de pièces d'), pour son compte. — Huîtres (marchand d').

Imprimeur-lithographe, éditeur. — Infirmerie d'animaux (tenant une). — Instruments aratoires (fab. d'). — Instruments de chirurgie en gomme élastique (fab. d'). — Instruments de musique à vent, en bois ou en cuivre (facteur d'). — Instruments de musique en cuivre (facteur de pièces d'), pour son compte. — Instruments pour les sciences (fact. d'), sans boutique ni magasin. — Ivoire (fab. d'obj. en) p. son compte.

Jais ou jaiet (fab. ou march. d'objets en). — Jeux et amusements publics, tels que jeux de quilles ou de mail, manège à chevaux de bois, billard anglais, etc. (maître de).

Kaolin, étuvé, manganèse (march de).

Lamineur par les procédés ordinaires. — Lanternier. — Lattes (march. de), en détail. — Lavoir public (tenant un) (1). — Layetier. — Levure ou levain (march. de). — Lin (march. de), en détail. — Lin ou chanvre (fab. de); celui qui, après avoir roui et battu le

lin ou le chanvre, le vend par bottes. — Linge de table et de ménage (loueur de). — Linger. — Liseur de dessins. — Lithochrome, imprimeur. — Lithochromies (marchand de). — Lithographies (marchand de). — Lithophanies pour stores (fabricant et marchand de). — Loueur de tableaux et dessins. — Loueur en garni (1). — Lunettier (fabricant). — Lustreur de fourrures.

Maçon (maître). — Maillechort et autres compositions métalliques (marchand d'objets en), en détail. — Maison particulière de retraite (tenant une) (2). — Marbre factice (fabricant et marchand d'objets en). — Marbrier. — Maréchal-ferrant. — Masques (fabricant et marchand de). — Matériaux (marchand de vieux). — Menuisier. — Mercerie (marchand de menue). — Metteur en œuvre pour son compte. — Meubles et outils d'occasion (marchand de). — Moireur d'étoffes, pour son compte. — Monteur de métiers. — Mosaïques (marchand de). — Mulquinier.

Naturaliste (marchand). — Nécessaires (fabricant de), pour son compte. — Nourrisseur de vaches et de chèvres pour le commerce du lait.

Oranges et citrons (marchand d'), en boutique et en détail. — Os (fabricant d'objets en), pour son compte. — Outres (fabricant d'), pour son compte. — Outres (marchand d').

Paille (fabricant de tissus pour les chapeaux de), pour son compte. — Paillettes et paillons (fabricant de), pour son compte. — Pain à cacheter et à chanter (fabricant et marchand de). — Pain d'épices (fabricant ou marchand en boutique de). — Pantouffles (marchand de). — Papiers de fantaisie, papiers déchiquetés, papier végétal, (fabricant et marchand de). — Papiers pour emballage et pour sacs (marchand de). — Parapluies (fabricant et marchand de). Parcheminier, pour son compte. — Parqueteur (menuisier). — Pâtes alimentaires (marchand de). — Paveur. — Peaux de lièvres et de lapins (marchand de), en boutique. — Peignes à sé-rancer (fabricant de), pour son compte. — Peignes d'écaille, d'i-voire, de corne, de buis, etc. (fa-bricant de), pour son compte. — Peignes (marchand de), en bouti-que. — Peintre en bâtiment non-entrepreneur. — Pension bour-geoise (tenant). — Pension particu-lière de vieillards (tenant). — Per-les fausses (fabricant de), pour son compte. — Peseur et mesu-reur juré. — Photographe. — Pianos et clavecins (facteur de), n'ayant ni boutique ni magasin. — Pianos (loueur de). — Pierres à brunir (fabricant et marchand de). — Pierres bleues (marchand de), pour le blanchissage du linge. — Pierres fausses (fabricant de). — Pierres taillées (marchand de). — — Pinceaux (fabricant de), pour son compte. — Pipes assorties (marchand de). — Piqueur de car-tons. — Plafonneur et plâtrier. — Plants, arbres ou arbustes (mar-chand de). — Plâtre (marchand de). — Plomb de chasse (fabricant ou marchand de). — Plumes mé-talliques (marchand-fabricant de). — Poêlier en faïence, fonte, etc. — Polisseur d'objets en or, argent, cuivre, acier, écaille, os, corne, etc. — Ponton-débarcadère (exploitant de). — Porces pour les papetiers (fabricant de). — Portefeuilles (fa-bricant de), pour son compte. — Portefeuilles (marchand de). — Potier d'étain. — Poudre d'or, de bronze et autres métaux (fabricant et marchand de). — Poulieur (fa-bricant).

Queues de billards (fabricant de), pour son compte. — Quilles ou mail (maître de jeu de).

Ramonage (entrepreneur de). — Ram-piste. — Ressorts de bandage pour les hernies (fabricant de), pour son compte. — Ressorts de montres et de pendules (fabricant de), pour son compte.

Sabots garnis (fab. et march. de). — Sacs de toile (fab. et march. de). — Salpêtrier. — Sarreaux ou blou-ses (march. de), en détail. — Sculp-teur en bois, pour son compte. — Sécheur de houblon. — Sécheur de garance. — Son, recoupe et re-moulage (marchand de). — Spar-terie (fabricant et marchand d'ob-jets en). — Sphères (fabricant de). — Stucateur. — Sumac (marchand de).

Tabac (marchand de), en détail, dans le département de la Corse. — Ta-ble d'hôte (tenant une). — Table-tier (marchand). — Tablet-terie (fabricant d'objets en), pour son compte. — Tambours, grosses caisses, tambourins (fabricant de). — Tamisier (fabricant et mar-chand). — Tan (marchand de). — Tapissier à façon. — Tartrier. — Teinturier pour les particuliers. — Terrassier (maître). — Tireur d'or et d'argent. — Tissus grossiers et communs (marchand de), sans as-sortiment. — Tôlier. — Tonnelier (maître). — Tourneur sur métaux. — Tourneur en marbre ou en pierre. — Tours et autres ouvra-ges pour la coiffure, en cheveux, soie, etc. (fabricant ou marchand de). — Tourteaux (marchand de), en détail. — Tréfileur par les pro-cédés ordinaires. — Troupes de passage (entrepreneur du logement des) (1). — Tuiles (marchand de).

Vannerie (marchand de), en détail. — Vannier (fabricant en vannerie commune). — Vérificateur de bâti-ments. — Vernisseur sur cuir, feutre, carton et métaux. — Verres bombés (marchand de). — Verro-terie et gobeleterie (marchand de), en détail. — Vignettes et caractè-res à jour (fabricant de), pour son compte. — Vignettes et caractères à jour (marchand en boutique de) — Vins (marchand de), en détail donnant à boire chez lui, et ne te-nant pas billard. — Vis (fabricant de), par procédés ordinaires, pour son compte. — Vitraux (faiseur ou ajusteur de), pour son compte. — Vitrier en boutique. — Voilier à façon. — Volaille ou gibier (mar-chand de).

Yeux artificiels (fabricant d').

---

(1) Le droit proportionnel n'est que du 40e sur l'établissement.

7e classe.

Le taux du droit proportionnel est fixé au 40e de la valeur locative de l'habitation et de l'établissement.

Les patentables de la 7e classe sont exempts de ce droit dans les communes de 20,000 âmes et au-dessous.

Accordeur de pianos, harpes et autres instruments. — Acheveur en métaux. — Acier poli (fabricant d'objets en), à façon. — Alambic (loueur d'). — Alvin (marchand d'). — Allèges (maître d'). — Anes (loueur d'). — Apprêteur de barbes ou fanons de baleine. — Apprêteur de bas et autres objets de bonneterie. — Archets (fabricant d'). — Arçons (fabricant ou ferreur d'). — Armurier rhabilleur. — Armurier à façon. — Arpenteur. — Attelles pour collier de bêtes de trait (fabricant et marchand d'). — Avironnier.
Badigeonneur. — Balancier (fabricant), à façon. — Ballons pour lampes (fabricant de), pour son compte. — Bandagiste, à façon. — Bardeaux (fabricant de), pour son compte. — Bâtier. — Battoirs de paume (fabricant de). — Baugeur. — Biberons (fabricant de), à façon. — Bijoutier à façon. — Bijoutier en faux (fabricant), à façon. — Bimbeloterie (fabricant d'objets de), sans boutique ni magasin. — Bimbelotier (marchand), en détail. — Blanchisseur de chapeaux de paille. — Blanchisseur de fin. — Blanchisseur sur pré. — Boisselier. — Boîtes et bijoux à musique (fabricant de mécaniques pour), à façon. — Bonbons et confiseries (revendeur de). — Bottes remontées (marchand de). — Boules vulnéraires, dites d'*acier* ou de *Nancy* (fabricant de). — Bouquetière (marchande), en boutique. — Bouquiniste. — Bourrelets d'enfants (fabricant et marchand de). — Bourses, gants, mitaines, réseaux et autres ouvrages à mailles (fabricant de). — Boutons de soie (fabricant de), pour son compte. — Briquets phosphoriques et autres (marchand de). — Brocanteur dans les ventes (sans boutique ni magasin). — Broches pour la filature (rechargeur de). — Broderies (blanchisseur et apprêteur de). — Broderies (dessinateur - imprimeur de). — Broderies (fabricant de), à façon. — Bronze (metteur en). — Bru-

nisseur. — Buanderie (loueur d'établissement de). — Buffletier (fabricant), pour son compte. — Bustes en cire pour les coiffeurs (fabricant de).
Cabinet de figures en cire (tenant un). — Cabinet de lecture où l'on donne à lire les journaux seulement (tenant un). — Cabinet particulier de tableaux, d'objets d'histoire naturelle ou d'antiquités (tenant un). — Cabriolets (maître de station de). — Calandreur de vieilles étoffes ou de chapeaux de paille. — Cambreur de tiges de bottes. — Camées faux ou moulés (fabricant de). — Cannelles et robinets en cuivre (fabricant de), à façon. — Cannes (fabricant de), pour son compte. — Cannetille (fabricant de). — Caractères d'imprimerie (fondeur de), à façon. — Caractères d'imprimerie (graveur en). — Caractères mobiles en bois ou en terre cuite (fabricant et marchand de). — Carcasses ou montures de parapluies (fabricant de), pour son compte. — Cardeur de laine, de coton, de bourre de soie, filoselle, etc. — Carreleur. — Carrioles (loueur de). — Cartons en feuilles (fabricant de), à façon. — Ceinturonnier, pour son compte. — Cendres ordinaires (marchand de). — Chapelets (fabricant et marchand de). — Chapelier à façon. — Charbonnier-cuiseur. — Charnières en fer, cuivre ou fer-blanc (fabricant de), par les procédés ordinaires, pour son compte. — Charpentier à façon. — Charron à façon. — Chasublier à façon. — Chaudronnier rhabilleur. — Chaussons en lisière et autres (marchand de). — Chenille en soie (fabricant de), pour son compte. — Chevaux (courtier de). — Chèvres et chevreaux (marchand de). — Chiffonnier en détail; celui qui vend par quantités inférieures à 1,000 kilogrammes. — Chineur. — Cirage ou encaustique (marchand ou fabricant de), n'employant ni ouvrier ni machine à vapeur. —

Cloutier au marteau, pour son compte. — Coiffes de femmes (faiseuse et marchande de). — Colle de pâte, de peau, de graisse, de gélatine (fab. ou march. de). — Colleur de chaînes pour fabrication de tissus. — Colliers de chiens (fab. et march. de).— Confiseur en chambre. — Coquetier avec bêtes de somme. — Cordes harmoniques (fab. de), à façon. — Cordes métalliques (fab. de), à façon. — Cordier (fab. de menus cordages, tels que cordes, ficelles, longes, traits, etc.). — Cordons, lacets, tresses, ganses, en fil, soie, laine, coton, etc. (fab. de), pour son compte.— Corroyeur à façon. — Cosmétiques (march. de). — Coton cardé ou gommé (march. de). — Coupeur de poils à façon. — Courroies (apprêteur de), pour son compte. — Courtier de bestiaux. — Courtier en grains. — Courtier de mouture. — Coutelier à façon, — Couturière en corsets, en robes ou en linge. — Couvreur en paille ou en chaume. — Couvreur à façon. — Crémier ou laitier. — Crépin en buis (fab. d'articles de), pour son compte. — Criblier. — Cristaux (tailleur de). — Crochets pour les fabriques d'étoffes (fab. de), pour son compte. — Cuivre (march. de vieux).

Déchets de soie, laine, coton, débris de cocons (march. de). — Découpeur en marqueterie. — Décrueur de fil. — Dégraisseur. — Denteleur de scies. — Dentiste, non pourvu du diplôme de docteur en médecine, de chirurgien ou d'officier de santé. — Dépolisseur de verres. — Diamants pour vitriers et miroitiers (monteur de), à façon. — Doreur sur tranches, sur cuir, sur papier. — Drogues (pileur de).

Ébéniste (fab.), à façon. — Ecailles d'ables ou ablettes (march. d'). — Echalas (march. d'). — Echelles, fourches, râteaux et râteliers (fab. et march. d'). — Ecorcheur ou équarrisseur d'animaux. — Ecritures (entrepreneur d'). — Emailleur à façon. — Embouchoirs (faiseur d'). — Enjoliveur (fabricant), pour son compte. — Eperonnier à façon. — Epicier-regrattier. — Epinglier-grillageur. — Equarrisseur de bois. — Equipeur monteur. — Escargots (march. d'). — Essence d'Orient (fabricant d'). — Estampeur ou repousseur en métaux, autres que l'or et l'argent. — Etoffes (crêpeur d').

Etriers (fab. d'), à façon. — Etrilles (fab. d'), à façon. — Eventailliste (fab. d'), pour son compte. — Expert pour le partage et l'estimation des propriétés. — Expert visiteur de navires.

Fendeur de brins de baleine ou de jonc — Fendeur en bois. — Ferblantier en chambre. — Ferrailleur. — Finisseur en horlogerie. — Fleuriste travaillant pour le compte des marchands. — Fontaines en grès, à sable, (march. de). — Forces (fab. de), à façon. — Forets (fab. de). — Forgeron de petites pièces, à façon. — Formier. — Fouets, cravaches (fab. ou march. de), pour son compte. — Fournier ou cuiseur.— Fourreaux pour sabres, épées, baïonnettes (fab. de), pour son compte. — Fourreur, à façon. — Frangier (fab. de), pour son compte. — Frelin (march. de). — Friseur de draps et autres étoffes de laine. — Friteur ou friturier en boutique. — Fruitier.

Gabare (maître de), ou gabarier. — Gainier (fab.), pour son compte. — Galettes, gaufres, brioches et gâteaux (march. de), en boutique. — Galochier. — Galonnier (fab.), pour son compte. — Gantier dresseur. — Gantier à façon. — Gargotier. — Gauffreur d'étoffes, de rubans, etc. — Gaules et perches (march. de).— Graines fourragères, oléagineuses et autres (march. de), en détail.— Grainier ou grainetier. — Gravatier. — Graveur en caractères d'imprimerie. — Graveur sur métaux. Se bornant à graver des cachets ou des planches pour factures et autres objets dits de ville. — Grueur. — Guêtrier. — Guillocheur. — Guimpier.

Hameçons (fabricant d'). — Herboriste. Ne vendant que des plantes médicinales fraîches ou sèches. — Hongreur. — Horloger-repasseur. — Horloger-rhabilleur non marchand. — Horlogerie (fabricant de pièces d'), à façon. — Horloges en bois (fabricant ou marchaud d').

Imprimeur en taille-douce pour objets dits de *ville*. — Imprimeur-lithographe (non éditeur. — Imprimeur sur porcelaine, faïence, verre, cristaux, émail, etc. — Instruments de musique en cuivre (facteur de pièces d'), à façon. — Ivoire (fabricant d'objets en), à façon. — Joaillier à façon.

Lait d'Anesse (marchand de)—Lamier-Rotier, pour son compte.—Lapidaire à façon.—Layettes d'enfant (marchand de).—Légumes secs (marchand de), en détail.—Librairie (agent de).—Lie de vin (marchand de).—Linge (marchand de vieux).—Liqueurs et eaux-de-vie (débitant de).—Logeur.—Logeur de chevaux et autres bêtes de somme.—Loueur de livres.—Loueur de bêtes de trait pour le halage et pour le renfort aux voituriers sur les routes de terre.—Lunettes (Fabricant de verres de).—Luthier (fabricant), à façon.

Maçon à façon.—Marbreur sur tranches.—Marchande à la toilette.—Maroquinier à façon.—Mécanicien à façon.—Mégissier à façon.—Menuisier à façon.—Mesures linéaires, règles et équerres (fabricant de), pour son compte.—Métiers à bas (forgeur de), à façon.—Métreur de bâtiments, de bois, de pierres.—Metteur en œuvre (à façon).—Monteur en bronze.—Monteur de boîtes de montre (à façon).—Moulures (fabricant de), à façon.—Moutardier (marchand), en détail.—Muletier.

Nacre de perle (fabricant d'objets en), à façon.—Naturaliste préparateur (à façon).—Navetier (fabricant).—Noir de fumée et noir animal (marchand de).

Oignons (Cuiseur ou grilleur d').—Oiselier.—Orfèvre à façon.—Orgues portatives (facteur d'), à façon.—Ouate fabricant et marchand d').—Outils, instruments et harnais à l'usage des ouvriers tisseurs (marchand d').—Outres (fabricant d'), à façon.—Ovaliste.

Paille (fabricant de tissus pour chapeaux de) à façon.—Paille (fabricant de tresses, cordonnets, etc, en).—Paille teinte (fabricant et marchand de).—Paille coupée pour chaises (marchand de).—Pain (marchand de) en boutique).—Pantoufles (fabricant de), pour son compte.—Papiers de fantaisie, papiers déchiquetés, papier végétal (fabricant de), à façon.—Papiers imprimés et vieux papiers (marchand de).—Passementier (fabricant), pour son compte, lorsqu'il fabrique des articles dont la confection n'exige pas l'emploi de métiers.—Pastilleur.—Patachier.—Pâtissier-brioleur.—Pédicure.—

Peigneur de chanvre, de lin ou de laine.—Peigneur ou gratteur de toiles de coton.—Peintre en armoiries, attributs et décors.—Peintre ou doreur, soit sur verre ou cristal, soit sur porcelaine, etc, pour son compte.—Perruquier.—Pierre de touche (marchand de).—Piquonnier.—Plafonneur et plâtrier à façon.—Planches ou ifs à bouteilles (fabricant de).—Planeur en métaux.—Plaqueur.—Plumeaux (marchand fabricant de), pour son compte.—Poires à poudre (fabricant de), pour son compte.—Poisson (marchand en détail de).—Pompes de bois et pièces pour la conduite des eaux (fabricant de).—Poterie de terre (marchand de).—Presseur d'étoffes pour les teinturiers et les dégraisseurs.—Présurier.

Queues de billard (fabricant de), à façon.

Raquettes ou volants (fabricant de), pour son compte.—Raseur de velours.—Registres (fabricant de), à façon.—Regrattier.—Relieur de livres.—Rentrayeur ou conservateur de tapis, de couvertures de laine ou de coton.—Repasseuse de linge avec ouvrières ou apprenties.—Ressorts de bandages pour les hernies, (fabricant de), à façon.—Ressorts de montres et de pendules (fabricant de), à façon.—Revendeuse à la toilette, pour son compte.—Roseaux (marchand de).—Roseaux préparés pour le tissage (marchand de).—Rouettes ou harts pour lier les trains de bois (marchand de).—Routoir ou fosse à rouir le lin ou le chanvre (exploitant de).—Ruches pour les abeilles (fabricant de), pour son compte.

Sangsues (marchand de), en détail.—Scieur de long.—Sculpteur en bois à façon.—Seaux ou baquets en sapin (fabricant de), pour son compte.—Séchoir à linge (exploitant un).—Sel (marchand de), en détail.—Sellier à façon.—Serrurier à façon (travaillant pour des maîtres qui lui fournissent la matière).—Sertisseur ou monteur à façon. (Celui qui monte des pierres fines ou fausses).—Socques (fabricant et marchand de), en bois.—Soufflets ordinaires (fabricant et marchand de).

Tableaux (restaurateur de).—Tabletterie (fabricant d'objets en), à façon.—Tailleur d'habits à façon.—Tailleur de pierres. — Tapisseries à la main (fab. de). — Teinturerie (loueur d'établissem. de). — Toiles grasses (fab. de), pour emballage. — Toiles métalliques (fab. de), à façon. — Tondeur ou presseur de drap et autres étoffes de laine. — Tonneaux (march. de). — Tonnelier. — Tonnelier à façon. — Torcher. — Tourneur en bois (marchand), vendant en bout. divers objets en bois faits au tour.

ou échaudeur d'abats, abatis et issues.

Ustensiles de ménage (marchand de vieux).

Vaisselle et ustensiles de bois (fabricant et marchand de). — Vernisseur sur cuir, feutre, carton ou métaux (à façon). — Vin, bière, cidre (débitant au petit détail); celui qui vend au pot et à la bouteille et ne donne pas à boire chez lui. — Vitraux (faiseur ou ajusteur de), à façon.

8e classe.

Taux du droit proportionnel comme pour la 7e classe.

Accoutreur. — Affiloirs (marchand d') — Agrafes (fabricant d'), par procédés ordinaires, à façon. — Aiguilles, clefs et autres petits objets pour montres et pendules (fabricant de), à façon. — Aiguilles (fabricant de), à coudre ou à faire des bas par procédés ordinaires, à façon. — Aiguilles pour les métiers à faire des bas (monteur d'). — Allumettes et amadou (fabricant et marchand d'). — Appaux pour la chasse (fabricant d'). — Apprêteur de chapeaux de feutre. — Approprieur de chapeaux. — Arçonneur. — Artiste en cheveux. — Assembleur ou brocheur.

Balais de bouleau, de bruyère et de grand millet (marchand de), avec voiture ou bête de somme. — Ballons pour lampes (fabricant de), à façon. — Barbier. — Bardeaux (fabricant de), à façon. — Bâtelier. — Bâtonnier. — Baudelier. — Blanchisseur de linge, sans établissement de buanderie. — Blanchisseur de bas de soie. — Bobines pour les manufactures (fabricant de). — Bois à brûler (marchand de), qui vend à la falourde, au fagot et au cotret. — Bois de galloches et de socques (faiseur de). — Boisselier (fabricant), à façon. — Bottier ou cordonnier à façon. — Bouchons de flacons (ajusteur de). — Bouclerie (fabricant de), à façon. — Boutons de métal, corne, cuir bouilli (fabricant de), à façon. — Boutons de soie (fabricant de), à façon. — Bretelles et jarretières (fabricant de), à façon. — Brioleur avec bêtes de somme. — Briquetier à façon. — Brocanteur d'habits sans boutique. — Broches et cannelets pour la filature (fabricant de) à façon. — Brosses (fabricant de bois pour). — Brossier (fabricant), à façon. — Broyeur à bras. — Bûches, briquettes, factices, mottes à brûler (marchand de). — Buffletier (fabricant), à façon.

Cabas (faiseur de). — Cadrans de montres et de pendules (fabricant de), à façon. — Café tout préparé (débitant de). — Cafetières, bouillottes ou marabouts (fabricant de), à façon. — Cages, souricières et tournettes (fabricant de). — Canevas (dessinateur de). — Cannes (fabricant de), à façon. — Caparaçonnier à façon. — Carcasses ou montures de parapluies (fabricant de), à façon. — Carcasses pour modes (fabricant de). — Cardes (fabricant de), à façon, par les procédés ordinaires. — Carrés de montre (fabricant de), à façon. — Cartons pour les bureaux et autres (fabricant de), à façon. — Casquettes, toques, bonnets carrés et autres (fabricant de), à façon. — Castine et marne (marchand de). — Ceinturonnier à façon. — Cerclier. — Chaises communes (fabricant et marchand de). — Chaises à porteur (loueur de). — Chaises (empailleur de). — Chamoiseur à façon. — Chandeliers en fer ou en cuivre (fabricant de), à façon. — Chapeaux (marchand de vieux), en boutique ou en magasin. — Chapeaux (fabricant de coiffes de). — Chapeaux (garnisseur de). — Charbon de bois (marchand de), en détail. — Charbon de terre épuré ou non (marchand de), en détail. — Charbonnier voiturier. — Charnières en fer, cuivre ou fer-blanc (fabricant de), par procédés ordinaires. — Charrettes (loueur de). — Châsses de lunettes (fabricant de), à façon. — Chaussons en lisière (fabricant de). — Chenille en soie (fabricant de), à façon. — Chevilleur. — Clinquant (fabricant de), à façon. — Cloutier au marteau, à façon. — Colleur de papiers peints. — Coloriste, enlumineur. — Cols, collets et rabats (fabricant de), à façon. — Coquetier sans voiture ni bêtes de somme. — Cordes à puits et liens d'écorce (fabricant de). — Cordons, lacets, tresses, ganses en fil, soie, laine, coton, etc.; (fabricant de), à façon. — Corne (apprêteur de à façon. — Couverts et autres objets en fer battu ou étamé (fabricant de), à façon. — Crépin en buis (fabricant d'articles de), à façon. — Crin (apprêteur, crêpeur ou friseur de), à façon — Crinières (fabricant de), à façon. — Crochets pour les fabriques d'étoffes (fabricant de) à façon. — Cuillers d'étain (fondeur ambulant de). — Cylindres pour filature (garnisseur de).

Découpeur d'étoffes ou de papiers. — Découpoirs (fabricant de), à façon. Décrotteur en boutique. — Dés à coudre, en métal autre que l'or et l'argent (fabricant de), à façon.

Ecrans (fab. d'), à façon. — Elastiques pour bretelles, jarretières, etc. (fab. d'). — Emeri et rouge à polir (march. d'). — Encadreur d'estampes. — Enjoliveur (fab.), à façon. — Epileur. — Epingles (fab. par procédés ordinaires d'), à façon. — Etameur ambulant d'ustensiles de cuisine. — Etoupes (march. d'). — Etuis et sacs de papier (fab. d'). — Eventailliste (fab.), à façon.

Fagots et bourrées (marchand de), en détail, vendant au fagot. — Faînes (marchand de). — Falourdes (débitant de). Ferreur de lacets. — Feuilles de blé de Turquie (marchand de). — Figures en cire (mouleur de), à façon. — Filasse de nerfs (fabricant de), à façon. — Formaire pour la fabrication du papier, à façon. — Fouets et cravaches (fabricant de), à façon. — Fourreaux pour sabres, épées, baïonnettes (fabricant de), à façon. — Frangier à façon. — Frappeur de gaze. — Fuseaux (fabricant de).

Galnier à façon. — Galonnier à façon. Garnisseur d'étuis pour instruments de musique. — Garnitures de parapluies et cannes, tels que bouts, anneaux, crosses, manches, etc. (fabricant de). — Gibernes (fabricant de), à façon. — Graveur de musique. — Graveur sur bois.

Harmonicas (facteur d').
Instruments pour les sciences (fabricant d'), à façon.
Lamier-rotier à façon. — Langueyeur de porcs. — Limailles (marchand de). — Limes (tailleur de). — Livrets (fabricant de), pour les batteurs d'or ou d'argent. — Loueur en garni (s'il ne loue qu'une chambre). — Loueur d'abris sur les marchés.
Maillefort et autres compositions métalliques (fabricant d'objets en), à façon. — Marrons (marchand de), en détail. — Matelassier. — Mèches et veilleuses (marchand et fabricant de). — Mesures linéaires, règles et équerres (fabricant de), à façon. — Modiste à façon. — Moireur d'étoffes à façon. — Moules de boutons (fabricant de).
Nattier. — Nécessaires (fabricant de), à façon. — Nerfs (batteur de).
OEuillets métalliques (fabricant d'). — Opticien à façon. — Oribus (faiseur et marchand d'). — Os (fabricant d'objets en), à façon. — Osier (marchand d'), vendant à la botte ou par petites quantités. — Ourdisseur de fils.
Paillassons (fabricant de). — Paillettes et paillons (fabricant de), à façon. Pantoufles (fabricant de), à façon. — Papiers verrés ou émérisés (fabricant de). — Parcheminier à façon. — Passementier (fabricant), à façon, lorsqu'il fabrique des articles dont la fabrication n'exige pas l'emploi de métiers. — Pâte de rose (fabricant de bijoux en). — Peignes à sérancer (fabricant de) à façon. — Peignes d'écaille, d'ivoire, de corne, de buis, etc., (fabricant de), à façon. — Peintre ou doreur soit sur verre ou cristal, soit sur porcelaine, etc., à façon. — Pelles de bois (fabricant et marchand de). — Perceur de perles. — Perles fausses (fabricant de), à façon. — Pinceaux (fabricant de) à façon. — Pipes de terre (marchand de), en détail. — Piqueur de cartes à dentelles. — Piqueur de grès. — Plieur de fils de soie à façon. — Plumassier à façon. — Plumeaux (fabricant de) à façon. — Plumes à écrire (apprêteur de). — Poires à poudre (fabricant de), à façon. — Pois d'iris (fabricant de). — Portefeuilles (fabricant de), à façon. — Porteur d'eau filtrée ou non, avec cheval et voiture. — Puits (maître cureur de).

Raquettes ou volants (fabricant de), à

façon. — Régleur de papier. — Remiseur de charrettes à bras et de hottes. — Rémouleur ou repasseur de couteaux — Reperceur. — Repriseuse de châles. — Rognures de peaux (marchand de). — Rognures de papier (marchand de). — Rouleaux (tourneur de) pour la filature. — Ruches pour les abeilles (fabricant de), à façon.

Sable (marchand de). — Sabotier (fabricant). — Sabots (marchand de), en détail. — Satineur ou lisseur de papier. — Sciure de bois (marchand de). — Seaux ou baquets en sapin (fabricant de), à façon. — Souliers vieux (marchand de).

Têtes en carton pour les marchandes de modes (fabricant de). — Tôlier à façon. — Tourbe (marchand de), en détail. — Tourneur en bois (fabricant), sans boutique.

Vannier (fab.) de vannerie commune. — Varech (march. de), en détail. — Vignettes et caractères à jour (fab. de), à façon. — Vis (fabric. de) par procédés ordinaires, à façon. — Voiturier ou roulier n'ayant qu'un équipage.

TABLEAU B.

Professions imposées en égard à la population, d'après un Tarif exceptionnel.

	DROIT fixe.	TAUX du droit proportionnel.	
		Sur l'habitation.	Sur l'établissement.
	fr.		
AGENT DE CHANGE. — A Paris................	1,000		
Dans les villes de 100,000 âmes et au-dessus..........	250		
De 50,000 âmes à 100,000 âmes................	200		
De 30,000 à 50,000 âmes, et dans les villes de 15,000 à 30,000 âmes qui ont un entrepôt réel..........	150	15e	15e
Dans les villes de 15,000 à 30,000 âmes, et dans les villes d'une population inférieure à 15,000 âmes qui ont un entrepôt réel..............	100		
Dans toutes les autres communes...............	75		
ASSUREUR MARITIME. — A Paris............	250		
Dans les villes de 50,000 âmes et au-dessus..........	200		
Dans les villes de 30,000 à 50,000 âmes, et dans celles de 15,000 à 30,000 âmes qui ont un entrepôt réel....	150	15e	15e
Dans les villes de 15,000 à 30,000 âmes et dans les villes au-dessous de 15,000 âmes qui ont un entrepôt réel................	100		
Dans toutes les autres communes...............	50		
BANQUIER. — A Paris................	1,000		
Dans les villes d'une population de 50,000 âmes et au-dessus................	500		
Dans les villes de 30,000 à 50,000 âmes, et dans celles de 15,000 à 30,000 âmes qui ont un entrepôt réel....	400	15e	15e
Dans les villes de 15,000 à 30,000 âmes, et dans les villes d'une population inférieure à 15,000 âmes qui ont un entrepôt réel................	300		
Dans toutes les autres communes...............	200		
CABRIOLETS, FIACRES ET AUTRES VOITURES SEMBLABLES, SOUS REMISE OU SUR PLACE (Entreprise de)..	10	15e	40e
Plus 2 francs par voiture en circulation dans les villes au-dessus de 100,000 âmes; 1 fr. 50 c. dans celles de 50,000 à 100,000 âmes; 1 franc dans celles au-dessous de 50,000 âmes. Le tout jusqu'au maximum de 1,000 francs.			

	DROIT fixe.	TAUX du droit proportionnel.	
		Sur l'habitation.	Sur l'établissement.
	fr.		
MMISSIONNAIRES EN MARCHANDISES. — A Paris	400		
Dans les villes d'une population de 50,000 âmes et au-dessus	300		
Dans les villes de 30,000 à 50,000 âmes, et dans celles de 15,000 à 30,000 âmes qui ont un entrepôt réel	200	15e	15e
Dans les villes de 15,000 à 30,000 âmes, et dans les villes d'une population inférieure à 15,000 âmes qui ont un entrepôt réel	150		
Dans toutes les autres communes	75		
COMMISSIONNAIRE ENTREPOSITAIRE. — A Paris	250		
Dans les villes de 50,000 âmes et au-dessus	200		
Dans les villes de 30,000 à 50,000 âmes, et dans celles de 15,000 à 30,000 âmes qui ont un entrepôt réel	150	15e	15e
Dans les villes de 15,000 à 30,000 âmes, et dans celles d'une population inférieure à 15,000 âmes qui ont un entrepôt réel	100		
Dans toutes les autres communes	50		
COMMISSIONNAIRE DE TRANSPORTS PAR TERRE ET PAR EAU. — A Paris	250		
Dans les villes de 50,000 âmes et au-dessus	200		
Dans les villes de 30,000 à 50,000 âmes, et dans celles de 15,000 à 30,000 âmes qui ont un entrepôt réel	150	15e	15e
Dans les villes de 15,000 à 30,000 âmes, et dans les villes d'une population inférieure à 15,000 âmes qui ont un entrepôt réel	100		
Dans toutes les autres communes	50		
COURTIER D'ASSURANCES. — A Paris	250		
Dans les villes de 50,000 âmes et au-dessus	200		
Dans les villes de 30,000 à 50,000 âmes, et dans celles de 15,000 à 30,000 âmes qui ont un entrepôt réel	150	15e	15e
Dans les villes de 15,000 à 30,000 âmes, et dans celles d'une population inférieure à 15,000 âmes qui ont un entrepôt réel	100		
Dans toutes les autres communes	50		
COURTIER DE NAVIRES. — A Paris	250		
Dans les villes de 50,000 âmes et au-dessus	200		
Dans les villes de 30,000 à 50,000 âmes, et dans celles de 15,000 à 30,000 âmes qui ont un entrepôt réel	150	15e	15e
Dans les villes de 15,000 à 30,000 âmes, et dans celles d'une population inférieure à 15,000 âmes qui ont un entrepôt réel	100		
Dans toutes les autres communes	50		

	DROIT fixe.	TÁUX du droit proportionnel.	
		Sur l'habitation.	Sur l'établissement.
	fr.		
COURTIER DE MARCHANDISES. — A Paris.........	250		
Dans les villes de 50,000 âmes et au-dessus.........	200		
Dans les villes de 30,000 à 50,000 âmes, et dans celles de 15,000 à 30,000 âmes qui ont un entrepôt réel...	150	15e	15e
Dans les villes de 15,000 à 30,000 âmes, et dans celles d'une population inférieure à 15,000 âmes qui ont un entrepôt réel.........	100		
Dans toutes les autres communes.........	50		
COURTIER EN MARCHANDISES, domicilié dans une ville de 50,000 âmes et au-dessus, bien que breveté pour une commune de population inférieure.........	200	15e	15e
EAU (Entrepreneur de distribution d'). — Fournissant la ville de Paris en tout ou partie.........	600		
Fournissant une ville de 50,000 âmes et au-dessus...	400		
Fournissant une ville de 30,000 à 50,000 âmes.......	200	15e	40e
Fournissant une ville de 15,000 à 30,000 âmes.......	150		
Fournissant une ville au-dessous de 15,000 âmes......	75		
FACTEUR aux marchés aux bestiaux, destinés à l'approvisionnement de Paris.........	150	15e	15e
FACTEUR aux halles de Paris :			
Pour les farines, le beurre, les œufs, les fromages et le poisson salé.........	150		
Pour les grains, graines et grenailles, la marée, les huîtres et les cuirs.........	100		
Pour le poisson d'eau douce, la volaille, le gibier, les agneaux, cochons de lait, veaux de rivière et de pré salé, les veaux, les charbons de bois arrivés par eau, les draps, les toiles, les fourrages.........	75	15e	15e
Pour le charbon de bois arrivé par terre ou pour le charbon de terre.........	50		
Pour les fruits et légumes.........	25		
GAZ pour l'éclairage (Fabrique de) : Pour les fabriques qui fournissent l'éclairage de tout ou partie :			
Des villes de 50,000 âmes et au-dessus.........	400		
Des villes de 30,000 à 50,000 âmes.........	200	15e	40e
Des villes de 15,000 à 30,000 âmes.........	150		
Des villes au-dessous de 15,000 âmes.........	75		

	DROIT fixe.	TAUX du droit proportionnel.	
	fr.	Sur l'habitation.	Sur l'établissement.
INHUMATIONS et pompes funèbres de Paris (Entreprise des)...	1,000	15e	15e
MAGASIN de plusieurs espèces de marchandises (Tenant un), lorsqu'il occupe habituellement plus de cinq personnes préposées à la vente :			
Dans les villes de 100,000 âmes et au-dessus, par personne...	25		
Dans les villes de 50,000 à 100,000 âmes, par personne.	20		
Dans les villes au-dessous de 50,000 âmes, par personne...	15	15e	15e
Le tout jusqu'au maximum de.....................	2,000		
MAGASIN de vêtements (Tenant un), lorsqu'il occupe habituellement plus de cinq personnes préposées à la vente :			
Dans les villes de 100,000 âmes et au-dessus, par personne...	25		
Dans les villes de 50,000 à 100,000 âmes, par personne.	20	15e	15e
Dans les villes au-dessous de 50,000 âmes, par personne.	15		
Le tout jusqu'au maximum de.....................	2,000		
MONNAIES (Directeur des). — A Paris..............	1,000	20e	»
Dans toutes les autres villes.....................	500		
NÉGOCIANT (1). — A Paris........................	400		
Dans les villes de 50,000 âmes et au-dessus.......	300		
Dans les villes de 30,000 à 50,000 âmes, et dans celles de 15,000 à 30,000 âmes qui ont un entrepôt réel...	200	15e	15e
Dans les villes de 15,000 à 30,000 âmes, et dans celles d'une population inférieure à 15,000 âmes qui ont un entrepôt réel.....................................	150		
Dans toutes les autres communes..................	100		
OMNIBUS (Entreprise d').........................	10	15e	40e
Plus, par place des voitures en circulation :			
Dans les villes au-dessus de 100,000 âmes... 1 fr. 00 c.			
Dans les villes de 50,000 à 100,000 âmes.... 0 75			
Dans les villes au-dessous de 50,000 âmes... 0 50			
Le tout jusqu'au maximum de 1,000 francs.			
Le droit par place sera réduit de moitié pour les places dont le prix est au-dessous de 20 centimes.			

(1) Le négociant est celui qui vend en gros plusieurs espèces de marchandises.

	DROIT fixe.	TAUX du droit proportionnel.	
		Sur l'habitation.	Sur l'établissement.
	fr.		
PONT (Concessionnaire ou fermier de péage sur un).			
Dans l'intérieur de Paris....................	200		
Dans l'intérieur d'une ville de 50,000 âmes et au-dessus.	100		
Dans l'intérieur d'une ville de 20,000 à 50,000 âmes.....	75		
Dans les autres communes d'une population inférieure à 20,000 âmes, lorsque le pont réunit deux parties.		20e	
D'une route impériale...........................	75		
D'une route départementale.....................	50		
D'un chemin vicinal de grande communication.....	25		
D'un chemin vicinal.............................	15		
Lorsque le pont réunit deux routes ou chemins de classes différentes, le droit fixe est établi d'après la moyenne des taxes afférentes aux deux classes.			
ROULAGE (Entrepreneur de). — A Paris..............	300		
Dans les villes de 50,000 âmes et au-dessus............	200		
Dans les villes de 30,000 à 50,000 âmes, et dans celles de 15,000 à 30,000 âmes qui ont un entrepôt réel....	150	15e	40e
Dans les villes de 15,000 à 30,000 âmes, et dans les villes d'une population inférieure à 15,000 âmes qui ont un entrepôt réel........................	100		
Dans toutes les autres communes.................	75		
SIGNAUX TÉLÉGRAPHIQUES à l'entrée des ports (Entrepreneur de).			
Dans les villes de 50,000 âmes et au-dessus..........	100		
Dans les villes de 30,000 à 50,000 âmes, et dans celles de 15,000 à 30,000 âmes qui ont un entrepôt réel....	75		
Dans les villes de 15,000 à 30,000 âmes, et dans les villes au-dessous de 15,000 âmes qui ont un entrepôt réel...............................	50	15e	15e
Dans toutes les autres communes.................	25		
VINS (Marchand de) ayant son établissement dans l'entrepôt réel de la ville de Paris..................	100	15e	30e

TABLEAU C.

Professions imposées sans égard à la population.

Ire PARTIE.

Droit proportionnel au 15e. sur la valeur locative de l'habitation et de l'établissement.

ARMATEUR pour le long cours.

40 centimes par chaque tonneau, jusqu'au maximum de 1,000 fr.

ARMATEUR pour le grand et le petit cabotage, la pêche de la baleine et celle de la morue, et armateur au bornage.

25 centimes par chaque tonneau jusqu'au maximum de 400 fr.

ASSURANCES non mutuelles, dont les opérations s'étendent :

A plus de vingt départements (1,000 fr.). — De six à vingt départements (500 fr.). — A moins de six départements (300 fr.).

BANQUE de France, y compris ses comptoirs.... 20,000 fr.

BANQUE dans les départements :

Ayant un capital de 2 millions et au-dessous. 1,000 »

Par chaque million de capital en sus, 200 fr. jusqu'au maximum de 2,000 fr.

BARQUES et bateaux pour le transport des marchandises sur les fleuves, rivières et canaux (Entrepreneur, maître ou patron de) :

5 centimes par chaque tonneau de la capacité brute des barques et bateaux, jusqu'au maximum de 300 fr.

BATEAUX et paquebots à vapeur pour le transport des voyageurs (Entreprise de) :

Pour voyages de long cours............... 300 fr.

Sur fleuves, rivières et le long des côtes......... 200 »

BATEAUX et paquebots à vapeur pour le transport des marchandises (Entreprise de)...... 200 »

BATEAUX à vapeur remorqueurs (Entreprise de)...... 150 »

CANAUX navigables avec péage, ou canaux d'irrigation (Concessionnaire de)........ 200 »

Plus 20 fr. par myriamètre complet en sus du premier, jusqu'au maximum de 1,000 fr.

Coches d'eau (Entreprise de)............................ 100 »
Crédit foncier de France (Société du)................... 5,000 »
Crédit mobilier (Société générale du)................... 5,000 »
Défrichement ou desséchement (Compagnie de)............. 300 »
Fournisseurs généraux :
    D'objets concernant l'habillement, l'armement, la remonte, le harnachement et l'équipement des troupes, etc.................................... 1,000 »
    De subsistances aux armées......................... 1,000 »
    De chauffage et de lumière aux troupes............. 1,000 »
Fournisseur des objets ci-dessus indiqués, par division militaire... 150 »
Fournisseur de chauffage et de lumière aux troupes dans les garnisons.. 25 »
Fournisseur de fourrages aux troupes dans les garnisons.... 100 »
Fournisseur de vivres et fourrages aux troupes dans les gîtes d'étape.. 25
Fournisseur de vivres aux troupes dans les garnisons....... 50 »
Marchand forain, avec voiture à un collier (60 fr.). — Avec voiture à deux colliers (120 fr.). — Avec voiture à trois colliers et au-dessus, ou ayant plus d'une voiture (200 fr.). — Avec bête de somme (40 fr.).— Avec balle (15 fr.),
    (Les droits ci-dessus sont réduits de moitié lorsque le marchand forain ne vend que des balais, de la boissellerie, des bouteilles, des pierres à aiguiser, de la poterie ou de la vannerie.)
Péage sur une route (Concessionnaire des droits de), lorsque la longueur de la route n'excède pas un myriamètre... 15 »
Poterie (Marchand forain sur bateau de) : Pour un bateau (30 fr.). — Pour deux bateaux (60 fr.). — Pour trois bateaux et au-dessus (100 fr.).
Tontine (Société de)................................... 300 »

IIe PARTIE

Droit proportionnel { au 20e : 1° sur la maison d'habitation ; 2° Sur les magasins de vente complétement séparés de l'établissement. { au 25e : sur l'établissement industriel.

Amidon (Fabrique d') (10 fr.), plus 3 fr. par ouvrier, jusqu'au maximum de 200 fr.

Ardoisières (Exploitant d') (10 fr.), plus 3 fr. par ouvrier, jusqu'au maximum de 400 fr.

Blanc de baleine (Raffinerie de) (15 fr.), plus 3 fr. par ouvrier, jusqu'au maximum de 200 fr.

Bougies, cierges, etc. (Fabrique de) (15 fr.), plus 3 fr. par ouvrier, jusqu'au maximum de 200 fr.

Brais, goudrons, poix, résines et autres matières analogues (Fabrique de).. 25 fr.

Briques (Fabrique de) (5 fr.), plus 2 fr. par ouvrier ou par série d'ouvriers momentanément employés, équivalente à un ouvrier employé complétement, jusqu'au maximum de 100 fr.

Café de chicorée, de glands et autres matières analogues (Fabrique de) (15 fr.), plus 3 fr. par ouvrier, jusqu'au maximum de 200 fr.

> (Ne sont pas comptés comme ouvriers les individus qui ne sont employés qu'à la culture de la chicorée ou à la récolte des glands.)

Capsules ou amorces de chasse (Fabricant de) (50 fr.).

Cendres gravelées (Fabrique de) (25 fr.).

Chandelles (Fabricant de) (10 fr.), plus 3 fr. par ouvrier, jusqu'au maximum de 100 fr.

Chaux naturelle (Fabrique de) : 1 fr. par mètre cube de la capacité brute des fours, jusqu'au maximum de 208 fr.

> (Ce droit sera réduit de moitié pour les fours dans lesquels on cuira moins de huit fois par an.)

Chaux artificielle (Fabrique de) : 1 fr. 50 cent. par mètre cube de la capacité brute des fours, jusqu'au maximum de 300 fr.

> (Ce droit sera réduit de moitié pour les fours dans lesquels on cuira moins de huit fois par an.)

Cire (Blanchisserie de) : ayant 5 ouvriers et au-dessous (25 fr.), plus 3 fr. par ouvrier, jusqu'au maximum de 200 fr.

Coke (Fabrique de) (15 fr.), plus 3 fr. par four, jusqu'au maximum de 300 fr.

Colle-forte (Fabrique de) (15 fr.), plus 3 fr. par ouvrier, jusqu'au maximum de 200 fr.

Colle végétale pour les papeteries (Fabrique de) (15 fr.), plus 3 fr. par ouvrier, jusqu'au maximum de 100 fr.

Conserves alimentaires (Fabrique de) (15 fr.), plus 3 fr. par ouvrier, jusqu'au maximum de 300 fr.

Cossettes de betterave, de chicorée (Fabrique de) (15 fr.), plus 3 fr. par ouvrier, jusqu'au maximum de 200 fr.

Crayons (Fabrique de) (15 fr.), plus 3 fr. par ouvrier, jusqu'au maximum de 300 fr.

CREUSETS (Fabrique de) (25 fr.).

ENCRE d'impression (Fabricant d') (15 fr.), plus 3 fr. par ouvrier, jusqu'au maximum de 200 fr.

ENGRAIS (Marchand d') (25 fr.).

ESPRIT ou eau-de-vie de vin (Fabrique d') (50 fr.).

   (Ce droit sera réduit de moitié pour les fabricants qui fabriquent moins de 100 hectolitres.)

ESPRIT ou eau-de-vie de marc de raisin, cidre, poiré, fécules et autres substances analogues (Fabrique d') (25 fr.).

   (Ce droit sera réduit de moitié pour les fabricants qui fabriquent moins de 100 hectolitres.)

ÉTAIN pour glaces (Fabrique d') (15 fr.), plus 3 fr. par ouvrier, jusqu'au maximum de 300 fr.

FÉCULES de pommes de terre (Fabrique de) (15 fr), plus 3 fr. par ouvrier, jusqu'au maximum de 200 fr.

FONTAINIER, sondeur et foreur de puits artésiens (50 fr.).

FORMES à sucre (Fabrique de) (15 fr.), plus 3 fr. par ouvrier, jusqu'au maximum de 100 fr.

FROMAGES de Roquefort et autres fromages secs (Fabrique de) (50 fr.).

GÉLATINE (Fabrique de) (15 fr.), plus 3 fr. par ouvrier, jusqu'au maximum de 200 fr.

GLACIÈRES (Maître de) (50 fr.).

GLUCOSE (Fabrique de) (15 fr.), plus 3 fr. par ouvrier, jusqu'au maximum de 200 fr.

MALT ou orge germée servant à la fabrication de la bière (Fabrique de) (10 fr.), plus 3 fr. par ouvrier, jusqu'au maximum de 200 fr.

MÈCHES pour les mines et les artifices (Fabrique de) (10 fr.), plus 3 fr. par ouvrier, jusqu'au maximum de 100.

NOIR animal (Fabrique de) (50 fr.).

PAPIERS ou taffetas préparés pour usages médicinaux (Fabrique de) (50 fr.).

PATES alimentaires (Fabrique de) (15 fr.), plus 3 fr. par ouvrier, jusqu'au maximum de 200 fr.

PIERRES à feu (Fabricant, expéditeur de) (25 fr.).

PIPES (Fabrique de) : 25 fr. par four, jusqu'au maximum de 150 fr.

PLATRE (Fabrique de) : 1 fr. par mètre cube de capacité brute des fours, jusqu'au maximum de 200 fr.

   (Ce droit sera réduit de moitié pour les fours dans lesquels on fera moins de huit fournées par an.)

Pointes (Fabrique de) par procédés ordinaires (10 fr.), plus 3 fr. par ouvrier, jusqu'au maximum de 300 fr.

Poterie (Fabrique de) (5 fr.), plus 2 fr. par ouvrier, jusqu'au maximum de 200 fr.

Réglisse (Fabrique de) (15 fr.), plus 3 fr. par ouvrier, jusqu'au maximum de 200 fr.

Savon (Fabrique de) (20 fr.), plus 50 centimes par hectolitre de capacité des chaudières, jusqu'au maximum de 400 fr.

Sel (Raffinerie de) (25 fr.), plus 3 fr. par ouvrier, jusqu'au maximum de 100 fr.

Sirop de fécules de pommes de terre (Fabrique de) (15 fr.), plus 3 fr. par ouvrier, jusqu'au maximum de 200 fr.

Suif (Fondeur de) (10 fr.), plus 3 fr. par ouvrier, jusqu'au maximum de 100 fr.

Taffetas gommés ou cirés (Fabricant de) (50 fr.).

Tapis peints ou vernis (Fabricant de) (50 fr.).

Toiles cirées ou vernies (Fabricant de) (50 fr.).

Tourbes carbonisées (Fabrique de) (25 fr.).

Tuiles (Fabrique de) (5 fr.), plus 2 fr. par ouvrier, jusqu'au maximum de 100 fr.

Vinaigre (Fabrique de) (25 fr.).

(Ce droit sera réduit de moitié pour les fabricants qui fabriquent moins de 100 hectolitres.)

IIIe PARTIE.

Droit proportionnel : au 20e : 1° sur la maison d'habitation ; 2° sur les magasins de vente complétement séparés de l'établissement. au 40e : sur l'établissement industriel.

Acier fondu ou acier de cémentation (Fabrique de) (10 fr.), plus 3 fr. par ouvrier, jusqu'au maximum de 300 fr.

Acier naturel (Fabrique de) imposable comme les forges et hauts fourneaux.

Agrafes (Fabrique d'), par procédés mécaniques (15 fr.), plus 3 fr. par ouvrier, jusqu'au maximum de 300 fr.

Aiguilles à coudre, à tricoter ou à métiers pour faire des bas (Fabrique d'), par procédés ordinaires ou par procédés mécaniques (10 fr.), plus 3 fr. par ouvrier, jusqu'au maximum de 300 fr.

Armes blanches (Fabrique d') (100 fr.).

Armes de guerre (Manufacture d') (400 fr.).

Batteur de laines, par procédés mécaniques, (15 fr.), plus 3 fr. par ouvrier, jusqu'au maximum de 300 fr.

Biscuit de mer (Fabrique de) (50 fr.).

Blanchisserie de toiles, fils, étoffes de laine pour le commerce, par procédés mécaniques ou chimiques (15 fr.), plus 3 fr. par ouvrier, jusqu'au maximum de 300 fr.

Bois de brosses (Fabrique de), par procédés mécaniques, 5 fr. par percoir, jusqu'au maximum de 150 fr.

Bois d'allumettes (Fabrique de), par procédés mécaniques (15 fr.), plus 3 fr. par ouvrier, jusqu'au maximum de 150 fr.

Bouchons de liége (Fabrique de), par procédés mécaniques, 1 fr. par lame, jusqu'au maximum de 150 fr.

> (Ce droit sera réduit de moitié pour les fabriques qui, par manque ou par crue d'eau, sont forcées de suspendre leur travail, en tout ou en partie, pendant un temps équivalent au moins à quatre mois.)

Brasserie, 70 centimes par hectolitre de capacité brute de toutes les chaudières, jusqu'au maximum de 400 fr.

> (Ce droit sera réduit de moitié pour les brasseries qui ne brassent que quatre fois au plus par an, et d'un quart pour celles qui ne brassent que huit fois au plus par an.)

Briques combustibles (Fabrique de) (15 fr.), plus 3 fr. par ouvrier, jusqu'au maximum de 300 fr.

Calorifères pour le chauffage des maisons, serres ou établissements publics (Fabricant ou entrepreneur de la construction des) (15 fr.) plus 3 fr. par ouvrier, jusqu'au maximum de 300 fr.

Caoutchouc et autres matières semblables (Etablissement mécanique pour la préparation ou pour l'emploi du) (15 fr), plus 3 fr. par ouvrier employé, soit à la préparation des matières, soit à la confection mécanique des objets fabriqués, jusqu'au maximum de 500 fr.

Cartonnage (Fabrique de), 30 fr. par cuve, jusqu'au maximum de 150 fr.

> (Ce droit sera réduit de moitié pour les fabriques qui sont forcées de chômer, par manque ou par crue d'eau, pendant une partie de l'année équivalente au moins à quatre mois.)

Charpie (Fabrique de), par procédés mécaniques, 5 fr. par carde, jusqu'au maximum de 200 fr.

Chaudronnerie par les appareils à vapeur, à distiller, à concentrer, etc. (Fabrique de) (200 fr.).

Chaussures (Fabricant de) par procédés mécaniques (15 fr.), plus 3 fr. par ouvrier, jusqu'au maximum de 500 fr.

CHEMIN de fer avec péage (Concessionnaire de) (200 fr.), plus 20 fr. par myriamètre en sus du premier, jusqu'au maximum de 5,000 fr.

CLOUS et pointes (Fabrique de) par procédés mécaniques, 5 fr. par métier, jusqu'au maximum de 400 fr.

COCONS (Filerie de) ; 1 fr. 50 cent. par bassine ou tour, jusqu'au maximum de 400 fr.

CONSERVATION du bois, des toiles et des cordages (Etablissement pour la), au moyen de préparations chimiques (10 fr.), plus 25 centimes par mètre cube des bassins, cuves ou fosses renfermant les préparations conservatrices ou servant à l'immersion des objets à conserver, jusqu'au maximum de 400 fr.

CONVOIS militaires (Entreprise générale des) (1,000 fr.).
CONVOIS militaires (Entreprise particulière des), pour une division militaire (100 fr.).

CONVOIS militaires (Entreprise particulière des), pour gîtes d'étape (5 fr.).

COUTELLERIE (Fabricant de) non-expéditeur (4 fr.), plus 2 fr. par ouvrier ou par série d'ouvriers partiellement employés, équivalente à un ouvrier employé complétement, jusqu'au maximum de 75 fr.

COUTELLERIE (Fabricant expéditeur de) (5 fr.), plus 3 fr. par ouvrier ou par série d'ouvriers partiellement employés, équivalente à un ouvrier employé complétement, jusqu'au maximum de 100 fr.

COUVERTS et autres objets de service de table en argent ou en alliage (Fabrique de), par procédés mécaniques (15 fr.), plus 3 fr. par ouvrier, jusqu'au maximum de 300 fr.

CRIN végétal (Fabrique de) par procédés mécaniques : 5 fr. par machine à peigner jusqu'au maximum de 100 francs.
CRISTAUX (Manufacture de) (300 fr.).

DÉCHIREUR de chiffons et vieilles étoffes de laine par procédés mécaniques, 10 fr. par machine, jusqu'au maximum de 100 fr.

DÉCOUPEUR d'étoffes par procédés mécaniques, 5 fr. par métier, jusqu'au maximum de 150 fr.

DILIGENCES partant à jours et heures fixes (Entrepreneur de), parcourant une distance de deux myriamètres et au-dessous (25 fr.), plus pour chaque myriamètre complet en sus des deux premiers, 5 fr., jusqu'au maximum de 1,000 fr.

EAUX minérales et thermales (Exploitant d'), (150 fr.).

ÉCORCES pour la fabrication du papier (Déchireurs d'), par procédés mécaniques, 10 fr. par machine, jusqu'au maximum de 100 fr.

ENCLUMES, essieux et gros étaux (Manufacture d'), par feu, 25 fr., jusqu'au maximum de 300 fr.

ÉPINGLES (Manufacture d'), par procédés mécaniques (15 fr.), plus 3 fr. par ouvrier, jusqu'au maximum de 300 fr.

Fabricant dont la profession est spécialement dénommée au tableau des commerces, des industries ou professions dont le droit fixe est réglé eu égard à la population et d'après un tarif général, lorsqu'il travaille pour le commerce et qu'il occupe plus de 10 ouvriers disséminés ou renfermés dans un même établissement.

Pour les dix premiers ouvriers (15 fr.), plus, pour les ouvriers au-dessus de dix, 3 fr. par ouvrier ou par série d'ouvriers momentanément employés, équivalente à un ouvrier employé complétement, jusqu'au maximum de 300 fr.

(Ces droits sont réduits de moitié pour les fabricants à façon.

Dans aucun cas, le droit fixe ne pourra être inférieur à celui qui résulterait de l'application du tarif réglé en raison de la population à la profession du fabricant.)

Faïence (Manufacture de), par four, 25 fr., jusqu'au maximum de 150 fr.

Faux et faucilles (Fabrique de) (15 fr.), plus 3 fr. par ouvrier, jusqu'au maximum de 300 fr.

Fer-blanc (Fabrique de) (50 fr.), plus 3 fr. par ouvrier, jusqu'au maximum de 400 fr.

Ferronnerie, serrurerie et clous forgés (Fabrique de) (5 fr.), plus 3 fr. par ouvrier, jusqu'au maximum de 300 fr.

Fonderie de cuivre (Entrepreneur de) : ayant plusieurs laminoirs (300 fr.) ; — un laminoir ou plusieurs martinets (200 fr.) ; — se bornant à convertir le cuivre rouge en cuivre jaune (100 fr.).

Fonderie ou affinage de plomb ou de zinc, 25 fr. par chaufferie, feu, four ou fourneau de fusion, jusqu'au maximum de 1,000 fr.

Fonderie de cuivre et bronze (Entrepreneur de) :

Fondant des objets de grande dimension, tels que cylindres ou rouleaux d'impression pour les manufactures, ou grandes pièces de mécanique, etc. .... 200 fr.

Ne fondant que des objets d'art ou d'ornementation, ou des pièces de mécanique de petite dimension..... 100 »

Ne fondant que des objets d'un usage commun et de petite dimension, comme robinets, clochettes, anneaux, etc. .... 50 »

Fonderie de fer de seconde fusion (Entrepreneur de) :

Fabriquant des objets de grande dimension, tels que cylindres, grilles, colonnes, pilastres, bornes et grandes pièces de mécanique, etc. .... 300 »

Ne fabriquant que des objets de petite dimension pour l'ornementation, ou de petites pièces de mécanique... 100 »

Forges et hauts fourneaux (Maître de) : par haut fourneau au coke (200 fr.) ; — par haut fourneau au bois (100 fr.) ; — par forge dite catalane et par chaufferie, feu, four et fourneau de seconde fusion de toute usine à fer (25 fr.).

Le tout jusqu'au maximum de 1,000 fr.

(Ces droits seront réduits de moitié pour les forges dites catalanes et pour les forges à un ou à deux marteaux, lorsqu'elles seront forcées, par manque ou par crue d'eau, de suspendre leur travail, en tout ou en partie, pendant un temps équivalent au moins à quatre mois.)

FOULONNIER, 3 fr. par pot à fouler ou à laver, jusqu'au maximum de 150 fr.

FOULONNIER à la mécanique, 10 fr. par machine à fouler ou à laver, jusqu'au maximum de 150 fr.

GALVANISATION de fer (Exploitant une usine pour la), 50 fr. pour chaque four de fusion, jusqu'au maximum de 300 fr.

GALVANOPLASTIE (Entrepreneur de) (50 fr.), plus 3 fr. par ouvrier jusqu'au maximum de 300 fr.

GAZ pour l'éclairage (Fabrique de). Pour les fabriques qui fournissent l'éclairage de tout ou partie de la ville de Paris : 1 centime par hectolitre de la capacité des gazomètres, jusqu'au maximum de 3,000 fr.

GLACES (Manufacture de) (400 fr.).

GOBELETERIE (Manufacture de), 50 fr. par four de fusion, jusqu'au maximum de 300 fr.

GUIMPERIE (Fabricant de) par procédés mécaniques. Pour cent bouts ou cordes et au-dessous (10 fr.), plus 10 fr. par chaque centaine de bouts ou cordes au-dessus de cent, jusqu'au maximum de 200 fr.

HORLOGERIE (Fabrique de pièces d') par procédés mécaniques (10 fr.), plus 3 fr. par ouvrier, jusqu'au maximum de 300 fr.

HUILE de goudron (Fabrique de) (15 fr.), plus 3 fr. par ouvrier, jusqu'au maximum de 300 fr.

HUÎTRES (Marchand expéditeur d'), expédiant avec des voitures servies par des relais ou par les chemins de fer (100 fr.).

INSTRUMENTS de mathématiques, d'optique, de physique, et, en général, de sciences (Fabricant d'), par procédés mécaniques (15 fr.), plus 3 fr. par ouvrier, jusqu'au maximum de 100 fr.

JUS de betterave (Fabricant de), 40 fr. par chaque pressé de première ou de seconde pression, jusqu'au maximum de 400 fr.

LAMIER-ROTIER par procédés mécaniques (50 fr.)

LAMINERIE (Entrepreneur de) : par paire de cylindres d'un mètre de longueur et au-dessus (100 fr.); — par paire de cylindres au-dessous d'un mètre de longueur 50 fr.); — le tout jusqu'au maximum de 300 fr.

LIMES (Fabrique de) (10 fr.), plus 3 fr. par ouvrier, jusqu'au maximum de 300 fr.

Lin ou chanvre (Fabrique de) par procédés mécaniques ou chimiques, (15 fr.), plus 3 fr. par ouvrier jusqu'au maximum de 300 fr.

Lits militaires (Entreprise générale des) (1,000 fr.).

Maison particulière de santé (Tenant une) (100 fr.).

Mareyeur expéditeur, expédiant par des voitures servies par des relais ou par les chemins de fer (100 fr.).

Maroquin (Fabrique de), avec machine à vapeur ou machine hydraulique (100 fr.).

Martinets, par arbre de camage, 15 fr., jusqu'au maximum de 200 fr.

    (Ce droit sera réduit de moitié pour les fabriques qui sont forcées de chômer, par manque ou par crue d'eau, pendant une partie de l'année équivalente au moins à quatre mois.)

Moulin ou autre usine à moudre, battre, triturer, broyer, pulvériser, presser : 5 fr. par paire de meules ou de cylindres et par presse, et 1 fr. par pilon, jusqu'au maximum de 300 fr.

    (Lorsque les meules et cylindres ne fonctionnent pas par paire, on appliquera le droit fixe afférent à la paire à la machine ou au jeu des machines qui en tiendra lieu.

    Le droit sera réduit de moitié pour les moulins à bras, à manége et à vent, et pour les moulins mus par l'eau qui sont périodiquement forcés, par manque ou par crue d'eau, de suspendre leur travail, en tout ou en partie, pendant un temps équivalent au moins à quatre mois.

    Les exploitants de moulin qui achètent les matières premières pour revendre ensuite les produits de leur usine sont imposables comme marchands, lorsque le droit fixe afférent à cette dernière qualification excède le droit fixe afférent à l'exploitation du moulin.

    Les usines à bras seront exemptes du droit proportionnel.)

Moulinier en soie, soit qu'il travaille pour son compte, soit qu'il travaille à façon (5 fr.), plus 5 fr. par centaine de lavelles et 60 centimes par centaines de broches, fuseaux et baguettes ou axes supportant les bobines, roquets ou roquelles de toute nature, jusqu'au maximum de 200 fr.

    (Le droit sera réduit de moitié pour le moulinier en soie et coton mélangés.)

Orthopédie (Tenant un établissement d') (100 fr.).

Papeterie à la cuve : par cuve (15 fr.), jusqu'au maximum de 100 fr.

    (Ce droit est réduit de moitié en cas de chômage par cte. (Voir **Moulin**, § 4°.)

Papeterie à la mécanique : 50 fr. par machine ne pouvant fabriquer que du papier d'un mètre de largeur et au-dessus, et lorsque la machine peut fabriquer du papier plus large, 1 fr. 50 cent. en sus par chaque centimètre de largeur excédant le mètre; plus, par machine servant à la trituration des chiffons et des pâtes, le droit dont elle est passible, considérée comme moulin, jusqu'au maximum de 400 fr.

(Le droit sera réduit de moitié pour les machines ne séchant pas le papier et pour celles qui ne servent à fabriquer que du carton ou des papiers gris et d'emballage.)

PAPIERS peints pour tenture (Fabrique de) : pour quinze tables et au-dessous (40 fr.), plus 3 fr. par table en sus, jusqu'au maximum de 300 fr.

Un cylindre sera compté pour vingt-cinq tables.

PATOUILLET ou lavoir de minerai : pour chaque usine (15 fr.), jusqu'au maximum de 100 fr.

(Ce droit sera réduit de moitié en cas de chômage, etc. (Voir Moulin, § 4e.)

PEIGNERIE ou carderie de coton, de laine ou de bourre de soie, par procédés mécaniques, 5 fr. par assortiment de machines à peigner ou à carder, jusqu'au maximum de 100 fr.

PEIGNES (Fabricant de) par procédés mécaniques (10 fr.), plus 3 fr. par ouvrier, jusqu'au maximum de 300 fr.

PEINTURE sur verre (Exploitant un établissement de), 30 fr. par four, jusqu'au maximum de 300 fr.

PLUMES métalliques (Fabricant de), par procédés mécaniques (15 fr.), plus 3 fr. par ouvrier, jusqu'au maximum de 300 fr.

POLISSEUR, tourneur ou émouleur par procédés mécaniques (15 fr.), plus 3 fr. par ouvrier, jusqu'au maximum de 100 fr.

PORCELAINES (Manufacture de) 30 fr. par four, jusqu'au maximum de 300 fr.

PRODUITS chimiques (Manufacture de), (15 fr.), plus 3 fr. par ouvrier, jusqu'au maximum de 500 fr.

QUINCAILLERIE (Fabrique de) (10 fr.), plus 3 fr. par ouvrier, jusqu'au maximum de 300 fr.

SABOTS (Fabricant de) par procédés mécaniques (15 fr.), plus 3 fr. par ouvrier, jusqu'au maximum de 100 fr.

SCIERIE mécanique : pour le sciage des bois de construction, bâtisse et menuiserie, 2 fr. par lame.

Pour le sciage des bois de marqueterie et placage, 1 fr. par lame.

Pour le sciage des pierres et du marbre, 50 centimes par lame jusqu'au maximum de 150 fr.

(Ces droits sont réduits de moitié en cas de chômage par, etc. (Voir Moulin, § 4e.)

SCIES (Fabrique de) (10 fr.), plus 3 fr. par ouvrier, jusqu'au maximum de 300 fr.

SCULPTURES (Fabrique de) par procédés mécaniques (15 fr.), plus 3 fr. par ouvrier, jusqu'au maximum de 100 fr.

SOUFFLERIE de poils, pour la chapellerie et autres industries, par procédés mécaniques : 5 fr. par assortiment de machines à souffler, jusqu'au maximum de 100 fr.

SUCRE (Raffinerie de), ayant moins de 25 ouvriers (100 fr.); — de 25 à 50 ouvriers (200 fr.); — plus de 50 ouvriers (300 fr.).

SUCRE de betterave (Fabrique de) : pour chaque chaudière à déféquer contenant moins de 10 hectolitres (40 fr.). Pour chaque chaudière contenant 10 hectolitres et au-dessus (60 fr.), jusqu'au maximum de 400 fr.

TANNERIE de cuirs forts et mous (10 fr.), plus 25 centimes par mètre cube de fosses et de cuves, jusqu'au maximum de 300 fr.

TEINTURIER pour les fabricants et les marchands (15 fr.), plus 3 fr. par ouvrier, jusqu'au maximum de 300 fr.

TÉLÉGRAPHIE privée (Entreprise de) (100 fr.).

TONDEUR de tapis par procédés mécaniques, 5 fr. par tondeuse jusqu'au maximum de 100 fr.

TRANSPORT de la guerre (Entreprise générale du) (1,000 fr.).

TRANSPORT de la guerre (Entreprise particulière de) pour une division militaire (100 fr.).

TRANSPORT de la guerre (Entreprise particulière de) pour gîtes d'étape (25 fr.).

TRANSPORTS militaires (Entreprise générale des) (1,000 fr.).

TRANSPORT des tabacs (Entreprise générale de) (1,000 fr.).

TRANSPORT des détenus (Entreprise générale de) (300 fr.). — Entreprise pour le transport des détenus du ressort d'une cour impériale au moins (100 fr.). — Entreprise pour le transport des détenus d'une circonscription moins étendue que celle d'une cour impériale (25 fr.).

TRÉFILERIE en fer ou laiton (25 fr.), plus 2 fr. 50 cent. par bobine, jusqu'au maximum de 400 fr.

TRIEUR de laines par procédés mécaniques : 10 fr. par machine, jusqu'au maximum de 150 fr.

USINE à tirer l'or et l'argent (Exploitant d') (25 fr.), plus 2 fr. 50 cent. par bobine, jusqu'au maximum de 400 fr.

USTENSILES en fer battu (Fabrique d'), par procédés mécaniques (15 fr.), plus 2 fr. par ouvrier, jusqu'au maximum de 300 fr.

VERRERIE, 50 fr. par four de fusion, jusqu'au maximum de 300 fr.

VIS (Manufacture de) par procédés mécaniques (10 fr.), plus 3 fr. par ouvrier, jusqu'au maximum de 300 fr.

IVᵉ PARTIE.

<table>
<tr><td>Droit
proportionnel</td><td>au 20ᵉ : 1º sur la maison d'habitation;
2º sur les magasins de vente complétement séparés de
l'établissement.
au 50ᵉ : sur l'établissement industriel.</td></tr>
</table>

APPRÊTEUR d'étoffes pour les fabriques (15 fr.), plus 3 fr. par ouvrier, jusqu'au maximum de 300 fr.

CARDES (Manufacture de), par procédés mécaniques (25 fr.), plus 5 fr. par métier, jusqu'au maximum de 300 fr.

COLLAGE et séchage de chaînes et tissus (Exploitant un établissement de) (15 fr.), plus 3 fr. par ouvrier, jusqu'au maximum de 150 fr.

CORDES (Fabrique de), par procédés mécaniques, pour 500 broches ou fuseaux et au-dessous (10 fr.), plus 1 fr. 50 cent. par chaque centaine de broches ou de fuseaux en sus, jusqu'au maximum de 400 fr.

DRAP feutré (Fabricant de), par procédés mécaniques, 1 fr. par paire de cylindres des machines à feutrer, jusqu'au maximum de 600 fr.

FIL de coton, chanvre, lin (Retordeur de) :

Au moyen de moulins, pour chaque moulin, 5 fr., jusqu'au maximum de 400 fr.

Au moyen de broches, pour 500 broches et au-dessous (10 fr.), plus 1 fr. 50 cent. par chaque centaine de broches en sus, jusqu'au maximum de 400 fr.

FILATURE de laine, de chanvre ou de lin (5 fr.), plus 5 fr. par assortiment de machines à peigner ou à carder, et 3 fr. par chaque centaine de broches, jusqu'au maximum de 600 fr.

FILATURE de coton et filature de déchets ou de bourre de soie (3 fr.), plus 5 fr. par assortiment de machines à peigner ou à carder, et 1 fr. 50 cent. par chaque centaine de broches, jusqu'au maximum de 600 fr.

IMPRIMERIE d'étoffes et de fils :

Pour 25 tables et au-dessous, 50 fr.; plus 3 fr. par table en sus, jusqu'au maximum de 400 fr.

Un rouleau comptera pour 25 tables, 4 parotines pour un rouleau et 4 planches plates également pour un rouleau.

LACETS et tresses en laine ou coton (Fabrique de), par procédés mécaniques, pour 500 broches ou fuseaux et au-dessous (10 fr.); plus 1 fr. 50 cent. par chaque centaine de broches ou de fuseaux en sus, jusqu'au maximum de 400 fr.

MACHINES à vapeur, métiers mécaniques pour la filature et pour le tissage et autres grandes machines (Constructeur de) (25 fr.), plus 3 fr. par ouvrier, jusqu'au maximum de 500 fr.

Métiers (Fabrique à), 2 fr. 50 cent. par métier, jusqu'au maximum de 600 fr.

(Ce droit est réductible à la moitié pour les fabricants à façon ayant dix métiers ou plus. Ceux des fabricants à façon ayant moins de dix métiers sont exempts de la patente.)

Tubes en papier pour filatures (Fabrique de) par procédés mécaniques (5 fr.), plus 5 fr. pour chaque métier, jusqu'au maximum de 100 fr.

Ve PARTIE.

(Droit proportionnel au 15e sur la maison d'habitation seulement.)

Bac (Fermier de) (5 fr.), plus 2 fr. par 1,000 fr. du prix de ferme, jusqu'au maximum de 200 fr.

Bois sur pied (Entrepreneur par adjudication de l'abatage et du façonnage des) (3 fr.), plus 2 fr. par 1,000 fr. du prix de l'entreprise, jusqu'au maximum de 100 fr.

Carrières souterraines on à ciel ouvert (Exploitant de) (5 fr.), plus 3 fr. par ouvrier, jusqu'au maximum de 200 fr.

Cendres noires (Extracteur de) (5 fr.), plus 3 fr. par ouvrier, jusqu'au maximum de 200 fr.

Chaises (Loueur de) (3 fr.), plus 2 fr. par 1,000 fr. du prix de ferme, jusqu'au maximum de 100 fr.

Concerts publics (Entrepreneur de) : le quart d'une recette complète, si les concerts ont lieu plus de trois fois par semaine; le huitième, si les concerts n'ont lieu qu'une, deux ou trois fois par semaine.

Desséchement (Entrepreneur de travaux de) (50 fr.)

Dragueur entrepreneur (50 fr.).

Entrepreneur de l'éclairage à l'huile (5 fr.), plus 2 fr. par 1,000 fr. du montant des entreprises, jusqu'au maximum de 300 fr.

Fabrication dans les prisons, etc. (Entrepreneur de) : pour un atelier de 25 détenus et au-dessous (25 fr.); plus, par chaque détenu en sus, 50 centimes, jusqu'au maximum de 500 fr.

Fabrication dans les dépôts de mendicité (Entrepreneur de) : moitié du droit fixé pour les entrepreneurs de fabrication dans les prisons.

Flottage (Entrepreneur de) (25 fr.).

Fontaines publiques (Fermier de) (5 fr.), plus 2 fr. par 1,000 fr. du prix de ferme, jusqu'au maximum de 100 fr.

Fournisseur général dans les prisons et dépôts de mendicité :

À forfait et par tête de détenu, pour une population de 300 détenus et au-dessous (150 fr.); par 100 détenus en sus, 25 fr., jusqu'au maximum de 500 fr.

Fruits sur bateaux (Marchand de) (50 fr.).

Fruits et légumes (Marchands, expéditeurs par chemins de fer ou bateaux de) (50 fr.)

Gare (Entrepreneur de) (100 fr.).

Halles, marchés et emplacements sur les places publiques (Fermier ou adjudicataires des droits de) (5 fr.), plus 2 fr. par 1,000 fr. du prix de ferme, jusqu'au maximum de 300 fr.

Jaugeage des liquides (Adjudicataire des droits de) (3 fr.), plus 2 fr. par 1,000 fr. du prix de ferme, jusqu'au maximum de 100 fr.

Madragues (Fermier de) (25 fr.).

Mesurage (Fermier des droits de) (3 fr.), plus 2 fr. par 1,000 fr. du prix de ferme, jusqu'au maximum de 100 fr.

Minières non concessibles et extraction de minerai de fer (Exploitant de) (5 fr.), plus 3 fr. par ouvrier, jusqu'au maximum de 200 fr.

Octroi (Adjudicataire des droits d') (5 fr.), plus 2 fr. par 1,000 fr. du prix des adjudications, jusqu'au maximum de 500 fr.

Pêche (Adjudicataire ou fermier de) (3 fr.), plus 2 fr. par 1,000 fr. du prix de ferme, jusqu'au maximum de 100 fr.

Pesage (Fermier des droits de) (3 fr.), plus 2 fr. par 1,000 fr. du prix de ferme, jusqu'au maximum de 100 fr.

Restaurateurs sur coches et bateaux à vapeur (50 fr.).

Spectacles (Directeur de) :

    1° Le quart d'une représentation complète dans les théâtres où l'on joue tous les jours;

    2° Le huitième si l'on ne joue pas tous les jours et si la troupe est sédentaire;

    3° Si la troupe n'est pas sédentaire, c'est-à-dire si elle ne réside pas quatre mois consécutifs dans la même ville (50 fr.).

Spectacles, bals, concerts et autres réunions semblables (Adjudicataire ou fermier des droits à percevoir au profit des pauvres dans les) (5 fr.), plus 2 fr. par 1,000 fr. du prix de ferme, jusqu'au maximum de 500 fr.

Tourbières (Exploitant de) (5 fr.), plus 3 fr. par ouvrier, jusqu'au maximum de 200 fr.

Travaux publics (Entrepreneur de) (5 fr.), plus 1 fr. par 1,000 fr. du montant annuel des entreprises, jusqu'au maximum de 1,000 fr.

Viandes (Marchand expéditeur de) (50 francs).

TABLEAU D.

Professions imposables seulement au droit proportionnel.

____

(Droit proportionnel au 15ᵉ de la valeur locative.)

Architectes. — Avocats inscrits aux tableaux des cours et tribunaux. — Avocats au Conseil d'Etat et à la Cour de cassation. — Avoués. — Chirurgiens-dentistes. — Commissaires-priseurs. — Docteurs en chirurgie. — Docteurs en médecine. — Greffiers. — Huissiers. — Ingénieurs civils. — Mandataires agréés près les tribunaux de commerce.— Notaires. — Officiers de santé. — Référendaires au sceau. — Vétérinaires.

Chefs d'institution, maîtres de pension.

(Les locaux affectés au logement et à l'instruction des élèves ne seront pas compris dans l'estimation de la valeur locative.)

❦

APPENDICE.

D'après l'art. 3 de la loi de finances du 2 juillet 1862, les dispositions relatées dans les paragraphes 16 et 17 de l'art. 98 du présent recueil (page 69), concernant les exemptions de patente prononcées en faveur des ouvriers, seront désormais appliquées aux ouvriers ayant une enseigne ou une boutique comme à ceux qui n'en ont point, si d'ailleurs ces ouvriers réunissent les autres conditions d'exemption énoncées aux paragraphes précités.

Il résulte de ce qui précède que les patentables des quatre dernières classes du tableau A (5ᵉ, 6ᵉ, 7ᵉ et 8ᵉ), qui exercent à façon ou pour leur compte, des professions consistant en un travail de confection, de fabrication ou de main-d'œuvre, ne seront plus même passibles de la moitié des droits de patente, lorsqu'ils travailleront sans compagnon ni apprenti, et quand même ils auraient enseigne ou boutique. Ils seront, dans ce cas, complétement exempts de la patente.

TABLE DES MATIÈRES.

NOTA. Les chiffres mis à la suite de chaque matière indiquent les articles.

Les professions, commerces et industries sont indiqués dans la nomenclature, suivant l'ordre alphabétique par classe et par tableaux.

C

D

I

L

M

O

Ouvriers. Cas où les — sont exempts de patente, 98 §§ 16 et 17 et page 182
— Manière de déterminer le nombre des — employés par un fabricant
ou exploitant, quand il n'en emploie pas constamment le même nombre, 101. — Cas où les — au-dessus de 65 ans et au-dessous de 16 ans,
ne sont comptés que pour moitié de leur nombre, 102. — Cas où la
femme et les enfants non mariés sont comptés comme —. Voir la note
de l'art. 98, § 16.

P

Patentables. Avis aux —, 65. — Exerçant plusieurs professions, 77. —
Ayant plusieurs établissements, boutiques ou magasins distincts, 78,
79. — Les — sont admis à prouver la justice de leurs réclamations
par la production de leurs livres ou autres documents, 85. — Cas de
décès ou de faillite des —, 88. — Ceux des — qui doivent les frais de
bourses ou de chambres de commerce, 97. — Cas où les — sont passibles seulement de la moitié des droits, 99. N'exerçant pas leur profession à demeure fixe. (Mode de recouvrement au sujet des —), 151.
— Cas de déménagement des — hors du ressort de la perception et
cas de vente volontaire ou forcée, 152. — Voir *Patente, Contribution
des patentes, Professions, Droits fixes, Droits proportionnels,* etc.

Patente. Pourquoi la — est établie sans égard à l'importance des affaires, 65. — Cas où la — est due pour mari et femme, 81. — Due pour
l'année entière, 86. — Transfert de la — en cas de cession d'établissement, 87. — Formules de —. 92. — Cas où la — doit être exhibée,
93. — Individus non munis de —, 94. — Délivrée par anticipation, 95.
Égarée ou oubliée, 96. — Voir *Contribution des patentes,* etc.

Personnelle et mobilière. Mode d'assiette de la contribution —, 54, 55,
56, 57. — Lieu où est due la —, 60, 61. — Voir *Taxe personnelle,
Taxe mobilière, Contribution personnelle et mobilière.*

Pertes collectives. Voir *Maires, Réclamations,* etc.

Plantations en bois. — Voir *Semis.*

Poids et mesures. Usage obligatoire du système métrique décimal, en ce
qui concerne les —, 136. — Voir *Taxe des poids et mesures.*

Portes cochères ou charretières. Définition des —, 47. — Portes ordinaires imposables comme —, 48. — Portes charretières dans les exploitations rurales, 49. — Portes charretières des maisons ayant
moins de six ouvertures, 50. — Communes à plusieurs propriétaires, 51.
— Voir *Contribution des portes et fenêtres.*

lieu à remise ou modération, 20. Voir *Exemptions temporaires, Cadastre, Evaluations cadastrales*, etc.

Publication des rôles. Voir *Rôles.*

R

Réclamations. Distinction des différentes sortes de —, 180. — Du droit de —, 181, 182, 183, 184, 185. — Doivent être individuelles, 186. — Cas où l'emploi du papier timbré est ou non obligatoire pour les —, 187. — Obligation de faire une — particulière pour chaque nature de contribution, 188. — Pièces à joindre aux —, 189. — Délais pour la présentation des —, 190, 191, 192, 193, 194. — A qui doivent être adressées les —, 195. — Instruction des —, 196. — Des —, en matière de taxes de prestation, des chiens et des poids et mesures, 198.

Reconstructions. Voir *Constructions nouvelles.* — Modèles de réclamations au sujet de la Contribution *foncière* (de 199 à 213); de la Contribution des *portes et fenêtres* (214 et 215); de la Contribution *personnelle et mobilière* (de 216 à 221); de la Contribution des *patentes* (de 221 à 230); de la taxe de *prestation* (de 231 à 235); de la taxe sur les *chiens* (236, 237, 238); de la taxe des *poids et mesures* (239, 240).

Recours au conseil d'État, 197

Recouvrement des contributions et taxes. — Mode de —, 149. — Du — en ce qui concerne les contribuables en réclamation, 150. — Recours du Trésor contre les fermiers ou locataires, héritiers ou légataires, et dépositaires de deniers, 157, 158, 159, 160. — Voir *Privilèges*

Réduction (Demandes en). Voir *Réclamations.*

Remises (Demandes en). Voir *Réclamations.*

Revenu cadastral. Voir *Cadastre.*

Revenu réel. Voir *Cadastre*

Rôles. Ce qu'on entend par —, 162. — Distinction des — par nature de contributions, 163. Époques de la publication des —, 164.

Rôles auxiliaires des fermiers ou locataires, 35. — Voir *Propriétaires.*

S

Semis et plantations de bois. — Donnent lieu à exemption temporaire, 28, 29, 30, 31.

Serviteurs. Voir *Taxe de prestation.*

Sociétés anonymes. Patente due par les —, 83.

Suppléments de droits. Voir *Contribution des patentes.*

T

Taxe des poids et mesures. Voir *Droits de vérification.*

Tiers. Défaut de qualité des — pour réclamer au nom de contribuables, à moins de mandat spécial, 185.

Transfert de patente. Voir *Établissement (cession d').*

U

Usines. Chômage d' —, 21, 100. — Nouvellement construites ou reconstruites, 22. Voir *Constructions nouvelles, propriétés bâties.*

V

Vacances de maisons. Les — donnent lieu à remise ou modération des contributions foncières et des portes et fenêtres, 21, 52 *bis.*

Valeur locative. Mode d'établissement de la —, en matière de patentes, 72.

Vérification des poids et mesures. Voir *Droits de vérification.*

Voitures ou charrettes. Voir *Taxe de prestation.*

Paris.—Imprimerie PAUL DUPONT, Rue de Grenelle-St-Honoré, 45.—(738)

Manuel de Législation et d'Administration de l'Instruction primaire, par M. J.-J. RAPET, Inspecteur général de l'enseignement primaire........................ 2 50

Manuel de Correspondance administrative, commerciale et familière, avec Modèles de pétitions, mémoires, actes sous seing privé, etc., par M. A. BESCHERELLE. 2 25

Ajouter à ces prix 50 centimes par volume pour les recevoir cartonnés.

Voir page 8 pour le prix de la collection complète.

Parmi les personnes qui, chaque jour, sont appelées à prendre part à l'administration du pays et particulièrement à celle des communes, beaucoup n'ont pu se préparer par des études spéciales à l'accomplissement de cette mission. Dans cette tâche difficile, le zèle, sans les connaissances pratiques, ne saurait suffire. Le but de la Bibliothèque municipale a été de guider les magistrats et fonctionnaires municipaux dans l'exercice de leurs fonctions, en mettant sous leurs yeux les lois civiles, criminelles et administratives qui se rapportent le plus habituellement à toutes leurs nécessités, à leurs travaux, à leurs droits et à leur autorité, ainsi qu'à leurs devoirs et obligations.

Publiée avec le concours d'écrivains versés dans la science administrative, cette collection comprend, sur chaque matière distincte dont elle traite, toute la législation en vigueur, commentée, expliquée par les arrêts de la jurisprudence.

Ainsi, tous les arrêts de la cour de cassation, de la cour des comptes et du conseil d'Etat en matière contentieuse, les décisions des comités en matière non contentieuse, enfin les instructions émanées des différents ministères sur les questions et les difficultés journalières ont été analysés avec l'attention la plus scrupuleuse. Les auteurs, préoccupés avant tout des intérêts positifs qu'embrasse l'administration, n'ont jamais perdu de vue dans l'exposition raisonnée de la doctrine les rapides besoins de la pratique.

En jetant un rapide coup d'œil sur l'ensemble de la Bibliothèque municipale, il sera facile de se convaincre que les dix volumes dont elle se compose sont destinés à rendre aux fonctionnaires de l'administration communale d'inappréciables services, en leur permettant, sans étude préalable, de résoudre les nombreuses affaires municipales dont la gestion leur est confiée.

§ 1er. Traité de l'Organisation communale et des Élections municipales.

Toutes les questions historiques, administratives et judiciaires se rattachant à l'organisation communale et aux élections municipales, sont traitées dans cet ouvrage d'une manière concise et complète. Les dispositions législatives sur les droits et les devoirs des maires, des adjoints, des conseillers municipaux qui sont disséminées dans un grand nombre de lois, sont résumées et expliquées dans ce livre, où les électeurs communaux trouveront aussi la solution de toutes les difficultés qui se sont présentées jusqu'à ce jour en matière d'élections municipales.

Ainsi que l'a dit le *Moniteur* : « Un bon commentaire sur cette ma« tière ne peut être fait que par une personne habituée au maniement « des affaires administratives, et qui joigne l'expérience à la théorie, « et cette condition se trouve parfaitement remplie par l'ouvrage qu'a « publié M. de Sainte-Hermine. Cet ouvrage est, dans toutes ses par« ties, ce qu'il importait qu'il fût pour atteindre son but, concis, clair « et complet. »

§ 2. Traité des Actes de l'état civil.

On appréciera toute l'importance de ce travail en parcourant le sommaire des principaux chapitres dont il traite.

I. *Des officiers de l'état civil.*
II. *Des registres de l'état civil et des extraits qui en sont délivrés.*
III. *Des actes de naissance, de reconnaissance, de légitimation et d'adoption.*

L'auteur est allé au-devant de toutes les difficultés qu'on peut rencontrer dans la pratique. Il a exactement reproduit les dispositions de la loi, en les accompagnant des décisions administratives et judiciaires qui en ont déterminé la véritable interprétation. En outre, par un classement méthodique des matières, par la simplicité de l'exposé, et même par la disposition typographique du texte, il s'est appliqué à rendre l'ouvrage clair et intelligible sous tous les points, en même temps que facile à consulter.

§ 3. Traité de l'Administration financière des communes.

La comptabilité communale, considérée comme présentant l'ensemble des services financiers de la commune, ne comprend pas seulement la gestion matérielle des deniers dont le receveur municipal est exclusivement chargé et sur laquelle le maire n'exerce qu'un droit de surveillance; elle embrasse en même temps toutes les opérations concernant l'assiette des droits de la commune sur chaque branche de ses revenus, l'ouverture des crédits, la liquidation et l'ordonnancement des dépenses. Elle rentre dès lors en partie dans les attributions de l'autorité administrative, et le maire, investi de cette autorité, doit, à titre de gérant des revenus et d'ordonnateur des dépenses, tenir écriture et rendre compte de ses actes. Les obligations de l'administrateur, sous ce rapport, ne sont pas moins importantes que celles du receveur, et sont soumises, comme celles-ci, à des règles fixes et rigoureuses qui se trouvent énoncées dans ce volume avec la plus scrupuleuse exactitude. Il donne en outre les principaux modèles de la comptabilité financière des communes.

§ 4. Manuel de Police judiciaire et municipale.

Nous croyons devoir indiquer ici les principaux chapitres de ce Manuel, auquel son auteur a imprimé l'autorité de sa grande et longue expérience des affaires criminelles.